하늘라임

선율로 펼치는 하나님의 사랑

하늘라임

선율로 펼치는 하나님의 사랑

송 요 한

"하나님께서 튕기신 길 위의 선율,
나는 그 줄 위를 걸어왔다.
보이지 않는 곳에서,
늘 나를 조율하시는 손길이 있었다."

| 추천의 글 |

홀 ○힙 □교시팀 부머 싦○로 하나님을 챠양하는 아름다운 모습이 보입니다. 장난기 많고, 수수하지만 뜨거운 열정과 견고한 믿음으로 세워진 송요한 선교사의 〈하늘 라임〉은 우리에게 때로는 웃음을, 때로는 안타까움을, 때로는 놀라움을 선물하는 믿음의 고백서입니다. 송요한 선교사의 하늘을 향한 선율의 여정을 응원하며 이 책을 추천합니다.

HOLY CAMP 대표 **함정은** 목사

송요한 선교사님의 이야기는 신실하신 하나님의 은혜가 어떻게 한 사람을 세우시는지 보여줍니다. 읽는 모든 분들이 하나님의 사랑과 주권에 온전히 반응하며 살아가는 은혜를 경험하기를 기대합니다.

배곧가지교회 **고재만** 목사

'아직 누구도 찾아내지 못한 모음과 자음이 있다면, 그것으로 아직 아무도 손대지 못한 깨끗한 시어로 주님을 찬양하고 싶습니다.' 그런 고백을 한 적이 있습니다. 송요한 선교사님은 어쩌면 '아직 누구도 찾아내지 못한 음계와 선율로 오직 하나님이 기뻐하실 찬양을 올려드리는 사람' 이 아닌가... 처음 만난 이후로 줄곧 그런 생각이 떠나질 않습니다. 그의 순전한 음조와 음률이 오염되지 않은 찬양이 되는 모습을 오래 지켜보고 싶습니다.

YIM 대표, 아름다운교회 담임 **김상건** 목사

상한 심령 위에 울려 퍼진 한 줄기 선율

문학평론가 청람 **김왕식**

세상에는 누구에게도 들리지 않지만, 하늘에는 곧장 닿는 노래가 있다. 박수도, 조명도, 환호도 없는 빈방에서 울려 퍼지는 그 소리. 낡은 기타를 품에 안은 한 사람의 고백, 그것이 곧 삶의 진실이었다. 그의 앞에 앉은 관객은 단 한 분, 그러나 그분의 눈길은 세상의 어떤 박수보다 따뜻했다.

기타의 몸통에는 깊은 흠집들이 남아 있었다. 그것은 단순한 흔적이 아니라, 삶의 골짜기마다 새겨진 눈물과 절망의 봉인이었다. 아버지를 잃던 날의 균열, 가정이 무너져 내리던 현실, 이국의 하늘 아래서 견뎌야 했던 외로움, 교만의 끝에서 찾아온 어둠. 그러나 놀랍게도, 그 모든 상처는 소멸하지 않고 오히려 음악이 되어갔다. 상처에서 흘러나온 떨림은 부끄러움이 아니라, 영혼의 깊은 곳을 울리는 절정의 음이었다.

여섯 개의 줄은 여섯 번의 강물 같았다. 첫 번째 줄은 어린 시절의 맑은 신앙, 두 번째 줄은 아버지의 부재가 남긴 낮은 울음, 세 번째 줄은 외로움 속에서 피어난 새로운 언어, 네 번째 줄은 교만 속에 끊어진 소리, 다섯 번째 줄은 회복과 사랑의 만남, 여섯 번째 줄은 무겁고 낮은 섭리의 저음. 그 줄들이 모여 만들어낸 화음은, 불협화음마저 품어내는 더 큰 교향곡이었다. 그것은 인간의 음악을 넘어, 누구나 귀 기울이면 자신 안의 상처와도 이어질 수 있는 생명의 선율이었다.

그리고 다가온 '튜닝'의 순간. 그는 깨달았다. 인생의 조율은 능력이 아니라 항복의 기도에서 완성된다는 것을. 눈을 잃고서야 열린 영혼의 귀, 실패 끝에서 다시 일어선 사랑의 소명. 남아공의 쓰레기장에서 굶주린 이들에게 건네진 따뜻한 스튜 한 그릇, 서툰 영어로 전하던 "God loves you, I love you"라는 두 마디는, 그 어떤 웅장한 음악보다도 더 완전한 화음이었다.

그제야 그는 알았다. 진정한 연주는 잘 다듬어진 기술이 아니라, 상한 심령에서 흘러나오는 고백임을. 흠집 난 기타의 거친 떨림이야말로, 하늘을 울리고 사람의 마음을 흔드는 가장 깊은 진동임을. 이제 낮고 깊은 한 줄기 음이 울려 퍼진다. 두려움도, 실패의 그림자도, 잘해야 한다는 부담도 사라지고, 삶이라는 낡은 기타는 온전히 맡겨졌다. 둥— 하고 퍼지는 그 소리. 그것은 더 이상 한 사람의 노래가 아니었다. 인간의 노래가 아니라, 사랑의 노래, 위로의 노래였다.

그 노래는 시작되었다. 마지막 날, 마지막 숨이 다하는 순간까지, 단 한 음도 헛되이 울려지지 않고, 오직 사람을 살리고 세상을 밝히는 선율로 흘러갈 것이다. 고통은 은혜의 진동으로, 상처는 치유의 화음으로 바뀌어, 이제 앞으로의 선교 현장마다 더 맑고 깊은 음으로 퍼져갈 것이다. 그 울림은 믿는 자에게는 위로가 되고, 믿지 않는 자에게도 인간의 가장 깊은 갈망을 두드리는 문이 된다. 그 노래 앞에서 누구도 무심히 지나갈 수 없다. 상한 심령에서 시작된 이 작은 선율이, 마침내 세상을 품는 큰 노래가 되어 흘러가리라.

차례

| 프롤로그 | **연주를 준비하며** —— 10
   세상 가장 거대한 무대 —— 10
   균열과 상처 속에 봉인된 기억들 —— 12
   여섯 개의 현에 엮인 삶의 선율 —— 13
   하나님의 마음에 소리를 맞추는 시간 —— 15
   첫 음을 하나님께 드리나이다 —— 17

1 첫 번째 현, 가장 높고 맑았던 선율 —— 20
   뿌리와 시작 - 인천 제물포의 아이 —— 21
   1983년 6월 11일, 축복의 첫울음 —— 22
   제물포 아파트, 평온의 성채 —— 22
   어머니의 기도, 세계를 품은 거실 —— 23
   가정의 온기, 삶으로 배운 신앙 —— 25
   시대의 소리, 1980년대 대한민국 —— 26
   하나님의 씨앗, 고요한 뿌리 내림 —— 27

2 두 번째 현, 예고 없이 울린 불협화음 —— 34
   전환점 - 아버지의 갑작스러운 소천과 가세 기울기 —— 35
   평온을 깨뜨린 전화 —— 37
   대문 앞의 신발들 —— 38
   정의로운 아버지의 마지막 모습 —— 39
   보이지 않던 균열 —— 40
   사기와 몰락 —— 40
   남아공을 향한 부르심 —— 42
   루스텐버그라는 이름 —— 44
   한국에서 남아프리카 공화국을 향하여 —— 45
   하나님의 숨겨진 계획 —— 45

3　세 번째 현, 광야에서 찾은 낯선 선율 —— 54

새로운 대륙 - 남아프리카 공화국 루스텐버그 —— 55
낯선 공기의 냄새 —— 56
루스텐버그 - 광산과 농업의 땅 —— 57
하이스쿨, 그리고 외로움 —— 58
언어의 벽을 넘다 —— 60
어머니의 쓰레기장 스튜 사역 —— 61
믿음으로 살아가는 법 —— 66
이웃과의 관계 —— 67
마음에 새겨진 것 —— 67

4　네 번째 현, 교만으로 끊어진 현(絃)의 노래 —— 74

청년기의 도전 - 프리토리아 대학과 대기업 입사 —— 75
신학의 문 앞에 서다 —— 76
프리토리아로의 이주 —— 76
현실 앞에 선 신학생 —— 78
뜻밖의 기회, 대기업 남아공 입사 —— 79
부상, 그리고 좌절 —— 81
부상 후 찾아온 사색 —— 82

5　다섯 번째 현, 세상의 노래에 잠기다 —— 90

낯선 섬나라 - 일본 유학과 문화 충격 —— 91
새로운 출발, 나리타 공항의 공기 —— 93
어학원, 그리고 옆자리의 그녀 —— 94
일본어와 경제학 —— 96
일본의 종교 환경 —— 97
신앙에서 멀어지다 —— 99
결혼을 향한 약속 —— 100
결심과 방황 사이 —— 101

6 여섯 번째 현, 끊어지고 이어진 은혜의 노래 —— 108

하나님의 개입 – 시력 상실과 회복 —— 109
갑작스러운 어둠 —— 111
공포와 고립 —— 112
원망의 기도 —— 112
감사의 문이 열리다 —— 114
기적 같은 회복 —— 115
어머니의 방문 —— 117
회개의 시간 —— 118
하나님의 손길 —— 119

7 울림통: 함께 이루는 화음 —— 126

귀환과 결혼 – 새로운 동역자와의 길 —— 127
귀국, 그리고 회복의 시간 —— 128
그녀와의 재회 —— 129
결혼을 결심하다 —— 132
양가의 만남 —— 132
결혼식과 출발 —— 135
함께 세운 첫 집 —— 136
부부 사역의 시작 —— 136
서로의 가장 든든한 동역자 —— 137

8 핑거스타일: 상처 입은 손으로 연주하는 찬양 —— 144

음악과 선교 – 프로 기타리스트의 길 —— 145
기타와의 첫 만남 —— 147
음악을 통한 회복 —— 149
남아공에서의 첫 연주 —— 150
문화와 언어의 장벽을 넘다 —— 151
거리에서 울려 퍼진 찬양 —— 152
일본과 한국에서의 연주 사역 —— 154
기타 클래스와 제자 양성 —— 155
프로 기타리스트로서의 정체성 —— 157

9 높고 낮은 음: 합력하여 선을 이루는 화음 —— 164

시련과 부흥 – 사역의 위기와 하나님의 역전 —— 165
보이지 않는 벽 —— 166
무너진 마음 —— 168
기도의 밤 —— 168
뜻밖의 공급 —— 169
사역의 불씨가 되살아나다 —— 170
부흥의 조짐 —— 172
배운 것 —— 172

10 사명! 지금은 연주 중 —— 180

사명 – 남아공에 남은 이유 —— 181
돌아볼 때마다 선명해지는 부르심 —— 184
남아공의 현실 —— 185
떠날 수 없는 이유 —— 187
가정과 사명 —— 188
미래의 꿈 —— 190
사명을 지키는 힘 —— 191

|에필로그| 연주가 멈출 때까지 —— 200

| 프롤로그 |

연주를
준비하며

"하나님의 구하시는 제사는 상한 심령이라
하나님이여 상하고 통회하는 마음을 주께서
멸시치 아니하시리이다" (시편 51:17)

세상 가장 거대한 무대

오늘도 저는 하나님 앞에, 하나의 연주자로 섭니다. 세상의 모든 소음이 잠들고, 오직 나의 심장 소리와 희미한 숨결만이 공간을 채우는 이 거룩한 고요 속에서, 나는 낡고 오래된 기타 하나를 품에 안습니다.

무대 위 환한 조명도, 우레와 같은 박수갈채도 없는 이 텅 빈 방은, 역설적으로 제 삶에서 가장 장엄하고 거대한 무대입니다. 유일한 관객이신 하나님께서 저의 가장 깊은 중심을 바라보고 계시기 때문입니다. 주님, 이제 곧 저의 손가락이 현을 어루만지며 소리를 만들어내기 시작할 것입니다.

그러나 그 첫 음을 튕기기 전, 저는 먼저 제 삶이라는 이 기묘하고 유일한 악기를 하나님 앞에 가만히 내려놓고, 그 위에 새겨진 모든 시간의 흔적들을 하나님과 함께 돌아보는 이 침묵의 시간을 가지려 합니다.

저는 지금, 제 삶의 모든 순간을 빚어내시고 그 모든 불협화음마저도 하나님의 위대한 교향곡의 일부로 받아안으신 주님 앞에서, 가장 진실한 연주를 드리기 위해 마지막 숨을 고르고 있습니다.

이 손에 들린 기타는 단순한 악기가 아닙니다. 이것은 제 삶의 동반자이며, 저의 연약하고 상처 많은 삶 그 자체입니다. 화려한 자개 장식도, 희귀한 목재의 신비로운 빛깔도 찾아볼 수 없습니다. 그저 오랜 세월의 흔적이 고스란히 담긴, 손때 묻은 나뭇결과 여기저기 희미하게 긁힌 상처만이 이 기타가 저와 함께 걸어온 길을 묵묵히 증언하고 있을 뿐입니다.

이 기타의 몸통은 1983년 6월 11일, 인천의 세광병원에서 제가 첫 울음을 터뜨렸던 그 순간부터 시작된 모든 여정의 공기를 머금고 있습니다. 인천 제물포의 서늘한 바닷바람과 수협 부장이셨던 아버지 덕에 누렸던 평온했던 안정감, 그리고 남아프리카 루스텐버그의 뜨거운 태양 아래 유일한 동양인으로 보내야 했던 외로움의 시간, 마지막으로 일본 도쿄의 분주하고 고독한 공기 속에서 내 힘으로 성공을 움켜쥐려다 모든 것을 잃었던 절망의 시간까지 함께 마셔왔습니다.

이 기타는 저의 서툰 첫사랑의 노래를 품었고, 아버지의 영정 앞에서 소리 없이 흘렸던 눈물을 삼켰으며, 절망의 밤들을 지새우는 저의 기도를 묵묵히 들어주었습니다. 주님, 이것은 단순한 나무와 현의 조합이 아니라, 저의 모든 희로애락이 깃든 영혼의 울림통입니다.

균열과 상처 속에 봉인된 기억들

기타의 몸통을 가만히 쓸어봅니다. 차갑지도 뜨겁지도 않은, 살아있는 생명체의 온기 같은 것이 손바닥을 통해 제 심장으로 전해져 옵니다. 이곳저곳에 파인 작은 흠집들은 잊고 싶었던 아픔의 기억들을 수면 위로 떠올리게 합니다.

저기, 넥과 보디가 만나는 지점의 희미한 균열. 이 상처를 볼 때마다 저는 중학교 2학년, 기말고사 시험지를 앞에 두고 있던 그 겨울의 교실로 돌아갑니다. 담임 선생님의 다급한 부름에 영문도 모른 채 집으로 향하던 버스 안에서 부들부들 떨었던 그 어린 소년의 공포, 온 집안에 가득했던 사람들의 웅성거림과 슬픔 속에서 아버지의 부재를 실감해야 했던 그 순간, 제 세상이 처음으로 갈라지던 소리가 이 균열 안에 봉인되어 있습니다. 심장마비로 갑작스럽게 돌아가신 아버지, 그분은 늘 정의로운 분이셨지만, 그 빈자리는 너무나도 컸습니다. 아버지의 부재는 단순한 슬픔을 넘어, 가정의 기둥이 무너지는 현실이었습니다. 수협에서 부장급으로 일하시며 든든한 버팀목이 되어주셨던 아버지, 그분이 남기신 퇴직금마저 어머니가 오랜 지인에게 사기를 당해 모든 것을 잃고, 우리가 살던 제물포 아파트마저 남의 손에 넘어가 수중에 단 2천만 원만 남았던 그 절망의 시간, 그 모든 기억이 이 작은 상처 속에 응축되어 있습니다.

저편의 다른 흠집은, 대기업 남아공 지사에 들어간 지 얼마 되지 않아 예기치 못한 차 사고로 철조물이 발등 위로 떨어져 뼈와 신경이 손상되었던 그날의 기억을 떠올리게 합니다. 어머니를 돕겠다는 나의 첫 번째 계획이 좌절되고, 휠체어에 앉아 무너져가던 그 시절의 아픔이 새겨져 있습니다. 또 다른 희미한 얼룩은 일본의 차가운 방 안에서 시력을 잃고 흘렸던 원망의 눈물 자국입니다. 나의 교만이 절정에 달했을 때 하나님께서 모든 빛을 거두어 가셨던 그 2주간의 암흑, 그 끝에서 "이런 저라도 사용하신다면 제 남은 삶을 드리겠습니다"라는 항복의 기도를 올렸을 때, 비로소 다시 빛을 허락하셨던 그 순간의 경외감이 이 얼룩 안에 스며 있습니다. 이 상처들은 연주 때마다 미세한 잡음을 만들어낼지도 모릅니다. 그러나 주님께서는 이 상처마저도 제 노래의 일부로, 아니 오히려 가장 절절한 클라이맥스로 받아주실 것을 이제는 믿습니다. 완벽하게 매끈한 악기에서는 결코 나올 수 없는, 영혼의 가장 깊은 곳을 울리는 처연한 진동을 만들어내는 것이 바로 이 상처의 역할임을 이제는 조금 알 것 같습니다.

여섯 개의 현에 엮인 삶의 선율

이제 여섯 개의 현을 차례로 짚어봅니다. 기타의 현 하나하나에는 제 삶의 각기 다른 시간이 엮여 있습니다.

첫 번째 현, 가장 가늘고 높은 소리를 내는 1번 현. 이 현을 튕길 때면, 인천 제물포에서의 평온했던 유년 시절이 파노라마처럼 스쳐 지나갑니다. 용띠와 말띠의 두 분 누님이 저를 막냇동생이라기보다 조카처럼 아끼고 업어 키워주셨던 따스한 기억, '불꽃 선교회'라는 팀을 조직해 회장을 맡으시며 17명의 선교사님들을 위해 매일 쉬지않고 기도하고 후원하셨던 어머니의 깊은 신앙. 그 덕분에 우리 집에는 늘 세계 각국의 선교사님들이 찾아오셨고, 저는 그분들을 이모와 삼촌이라 부르며 자연스럽게 하나님 나라의 이야기를 들으며 자랐습니다. 하나님이 계신다는 것이 숨 쉬는 것처럼 당연했고, 그 사랑을 단 한 번도 의심해 본 적 없었던 그 시절의 맑고 투명한 소리. 그것이 바로 이 1번 현에 아로새겨진 저의 첫 노래입니다.

두 번째 현은 아버지의 죽음과 함께 예고 없이 더해진, 낮고 비통한 음입니다. 평온을 깨뜨린 전화 한 통, 대문 앞을 가득 메운 낯선 신발들, 그리고 하얀 천 아래 멈춰버린 아버지의 시간. 그 거대한 상실과 함께 찾아온 가족의 몰락. 맑기만 하던 제 삶의 화음에 처음으로 더해진 이 슬픔의 소리는, 제 음악에 깊이를 더하는 첫 번째 고통의 관문이었습니다.

세 번째 현은 남아공의 낯선 땅, 그랜빌 하이스쿨에서 유일한 동양인으로 지내며 1년간 영어를 못 해 실어증 환자처럼 지내야 했던 외로움의 시간을 노래합니다. 어머니의 낡은 아우디 차가 100미터 밖에서도 들릴 만큼 요란한 소리를 내며 나를 데리러 올 때마다 친구들의 놀림을 받아야 했던 그 부끄러움의 시간도 이 현에 묶여 있습니다. 그러나 1년이 지났을 때 거짓말처럼 영어가 터져 나와 주변 모두를 놀라게 했던 기적의 시간 역시, 이 현의 떨림 속에 함께 살아 숨 쉬고 있습니다.

네 번째 현은 교만으로 날카롭게 끊어졌던 파멸의 노래입니다. 어머니를 돕겠다는 일념으로 신학을 중단하고 일본으로 떠났던 야망의 시간, "내 능력으로 얼마든지 돈을 많이 벌 수 있겠다"는 확신에 차 제 힘으로 삶을 조율하려 했을 때, 바로 그때 하나님은 제 육신의 눈을 닫으셨습니다. 눈이 보이지 않는 2주 동안 원망과 불평만을 쏟아냈지만, 그 끝에서 완전한 항복의 기도를 올렸을 때 하나님은 거짓말처럼 제 눈을 다시 열어주셨습니다.

다섯 번째 현은 하나님께서 직접 이어주신 회복과 사명의 노래입니다. 일본에서의 실패 후 폐인처럼 지내던 저를 끝까지 믿고 함께해 준 아내와의 만남, 그리고 아내의 권유로 우연히 핑거스타일 기타를 시작하게 된 그 순간이 이 현의 시작입니다. 장애인 시설에서의 자선 공연을 통해, 제 재능이 저를 위한 것이 아니라 사람과 사람을 잇고 하나님의 사랑을 흐르게 하는 '연결 지점'이 되어야 함을 깨달았던 그 감격의 시간까지, 모든 회복의 여정이 이 현 위에 새겨져 있습니다.

마지막 여섯 번째 현, 가장 굵고 낮은 이 현은 제 삶의 모든 것을 떠받치는 하나님의 섭리의 저음입니다. 코로나 시절, 2집과 3집 앨범 발매를 앞두고 한국에 잠시 나왔다가 하늘길이 막혀 10개월간 사랑하는 아내와 아이들과 생이별해야 했던 그 막막한 시간, 서른여덟의 나이에 군 입대를 해야 할지도 모른다는 위기 앞에서 매달 병무청에 편지를 쓰며 애태웠던 그 절박함이 이 현의 낮은 울림 속에 잠겨 있습니다. 팬데믹으로 모든 공연 무대가 사라지고 수입이 끊겼을 때의 경제적 압박감과 인간적인 배신감, 그 모든 무게를 감당하며 이 6번 현은 제 삶의 연주가 너무 가벼워지지 않도록, 늘 겸손과 인내의 저음을 깔아주었습니다.

하나님의 마음에 소리를 맞추는 시간

주님, 제 삶의 현들은 수없이 끊어지고 풀어진 시간이 있었습니다. 하나님의 뜻을 저버리고 제 욕망을 따라 질주할 때, 현은 교만으로 날카롭게 끊어졌습니다. 예기치 못한 고난 앞에서 모든 것을 포기하고 싶었을 때, 현은 절망 속에서 너무 느슨하게 풀려 아무 소리도 내지 못했습니다. 그때마다 하나님께서는 보이지 않는 손길로 다가와, 끊어진 현을 하나님의 긍휼로 이어주시고, 풀어진 현을 하나님의 약속의 말씀으로 다시 팽팽하게 감아 주셨습니다.

이제, 이 모든 기억을 품은 현들을 조율하려 합니다. 튜닝기를 꺼내 들고 각 현의 소리를 맞추는 시간. 그러나 주님, 하나님은 아십니다. 이것은 단순히 물리적인 음높이를 맞추는 작업이 아니라는 것을. 이것은 흩어지고 분주했던 저의 마음을 하나님의 마음에 맞추는 거룩한 의식이며, 저의 서툰 계획과 어리석은 뜻을 하나님의 위대하신 계획 앞에 온전히 내려놓는 항복의 기도 시간입니다.

한때 저는 저의 능력과 경험이라는 튜닝기로 이 기타를 조율하려 했습니다. 일본 유학 시험에서 전체 2등을 차지했을 때, 저는 제 힘으로 완벽한 연주를 할 수 있으리라 착각했습니다. 그러나 그 조율의 끝은 결국 교만으로 현이 끊어지고, 제 몸과 영혼이 망가져 모든 것을 잃는 처절한 파국이었습니다. 피부 껍데기를 우수수 쏟아내던 제 처참한 모습을 보러 어머니가 일본으로 날아오셔야 했던 그 순간, 저는 제 튜닝이 완전히 실패했음을 깨달았습니다.

오, 주님. 제 육신의 두 눈이 2주간 암흑에 갇히고 나서야, 저는 비로소 제 영혼의 귀가 열려야 함을 깨달았습니다. 하나님께서 원하시는 음은 세상의 박수를 받는 화려한 성공의 코드가 아니었습니다. 그것은 어머니께서 남아공의 쓰레기장을 찾아가 굶주린 이들에게 끓여주시던 스튜 한 그릇의 온기였습니다. 영어를 못하는 작은 동양 여인이 "하나님이 당신을 사랑하시듯, 나도 당신을 사랑합니다 (God loves you, I love you)"라는 단 두 마디 말과 함께 그들을 꼭 끌어안아 주던, 그 단순하고도 순전한 사랑의 멜로디였습니다. 그것이야말로 하나님의 심장을 울리고, 하늘 보좌를 움직이는 가장 완벽한 화음이었음을, 저는 너무 늦게야 깨달았습니다.

첫 음을 하나님께 드리나이다

    이제, 이 길고 길었던 연주를 위한 모든 준비가 끝났습니다. 마음의 조율을 마쳤고, 어지럽던 호흡은 하나님의 임재 안에서 비로소 고요해졌습니다. 더 이상 두렵지 않습니다. 잘해야 한다는 무거운 부담감도, 혹시나 실수하면 어쩌나 하는 인간적인 염려도 하나님의 발 앞에 모두 내려놓습니다. 그저 나의 삶이라는 이 보잘것없는 기타를 하나님께 온전히 내어드립니다. 하나님께서 직접 연주하여 주시옵소서. 저는 하나님의 뜻을 따라 움직이는 하나님의 손가락이 되겠습니다.

    마지막으로 깊은숨을 들이마시고, 세상의 모든 염려와 함께 천천히 내쉽니다. 그리고 마침내, 나의 오른손 엄지가 가장 낮은 음 자리, 그러나 이 모든 연주의 가장 단단한 기초가 되어줄 6번 현 위에 가만히 얹힙니다. 찰나와도 같고, 영원과도 같은 정적. 이윽고, 내 삶의 첫 음을, 나의 모든 것을 하나님께 드린다는 신앙고백을 담아, 나는 조심스럽게, 그러나 흔들림 없는 분명한 믿음을 담아 첫 번째 현을 튕깁니다. 둥 하고 울리는 이 낮고 깊은 진동이, 이제부터 시작될 길고 긴 나의 노래, 아니 하나님의 노래의 서곡입니다. 부디, 이 연주가 끝나는 날까지, 단 한 음도 나를 위해 연주되지 않고, 오직 주님의 영광만을 위한 거룩한 찬양이 되게 하소서.

† **나의 기도**

주님, 제 삶의 모든 여정을 품고 있는 이 낡은 기타를 하나님께 드립니다. 저의 기쁨과 슬픔, 성공과 실패, 그 모든 흔적과 상처까지도 하나님의 손 안에서 가장 아름다운 찬양의 도구가 되게 하여 주시옵소서. 저의 연약함을 통해 하나님의 온전하심을 노래하게 하소서. 우리 주 예수 그리스도 이름으로 기도드립니다. 아멘.

1

첫 번째 현, 가장 높고 맑았던 선율

뿌리와 시작 —
인천 제물포의 아이

"마땅히 행할 길을 아이에게 가르치라
그리하면 늙어도 그것을 떠나지 아니하리라"
(잠언 22:6)

    모든 연주에는 첫 음이 있습니다.
    오케스트라의 장엄한 서곡이든, 독주자의 고독한 아르페지오든, 그 시작은 단 하나의 음, 하나의 진동에서 비롯됩니다. 나의 삶이라는 길고 긴 교향곡의 첫 악장은, 세상의 그 어떤 멜로디보다도 맑고 투명한 소리로 시작되었습니다.
    그것은 마치 흠 하나 없는 수정으로 빚어진 현을, 가장 부드러운 깃털로 튕긴 듯한 소리였습니다. 내 의지와는 상관없이 주어진 완벽한 선물이었으며, 훗날 닥쳐올 모든 불협화음 속에서도 결코 잊을 수 없는, 내 영혼의 가장 깊은 곳에 각인된 기준 음(Tuning Fork)이 되었습니다. 나의 '1현'은 그렇게, 한 치의 어긋남도 없는 완전한 화음 속에서, 축복이라는 이름으로 부드럽게 울리기 시작했습니다.

1983년 6월 11일, 축복의 첫울음

1983년 6월 11일, 장마 전야의 눅눅한 공기가 대한민국 항구 도시 인천의 창문 틈새로 스며들던 그날, 저의 첫울음이 세광병원 분만실에 울려 퍼졌습니다. 그것은 이 세상에 던져진 새로운 생명의 탄생을 알리는 평범한 소리였을지 모르나, 저의 가정에는 오랜 기다림과 인류 끝에 찾아온 더없이 귀한 응답의 소리였습니다. 아버지는 이미 쉰의 나이에 접어드셨고, 어머니의 연세 또한 마흔이셨습니다. 이미 1976년생 용띠와 1978년생 말띠의 두 누님이 훌쩍 자라 소녀의 티를 벗어가던 그 가정에, 1983년생 돼지띠 막내아들인 저는 조금은 늦깎이로, 그러나 그만큼 더 농축된 사랑과 기대를 한 몸에 받으며 세상에 나왔습니다.

새벽 근무를 마치고 달려오신 아버지는 창 너머로 작은 저를 보며 늦둥이 아들의 탄생은 부모님께 이루 말할 수 없는 기쁨이었지만, 그 기쁨의 무게만큼이나 무거운 책임감이 두 분의 어깨를 짓눌렀을 것입니다. 한 생명을 품에 안은 경이로운 감사 이면에는, 쉰과 마흔의 나이에 이 아이를 어떤 세상 속에서 어떻게 키워내야 할지에 대한 막막함이 파도처럼 밀려왔을 것입니다. 저의 존재는 두 분께 더없는 기쁨이자, 동시에 남은 생을 온전히 바쳐야 할 큰 부담이었을 겁니다. 특히 어머니는 이 작은 영혼을 믿음 안에서 올곧게 키워내야 한다는 사명감이 크셨을 것입니다.

제물포 아파트, 평온의 성채

저의 유년 시절을 지배한 공간의 기억은 항구 도시 인천, 그중에서도 제물포라는 이름의 동네입니다. 정겨운 이웃들이 오가던 오래된 골목길과 친구들과 함께 뛰놀던 작은 놀이터의 풍경 속에서 저는 숭의초등학교를 다니며 세상의 밑그림을 그렸습니다. 우리 가족은 '제물포 아파트'라 불리는, 당시로서는 꽤 번듯한 자가 아파트에 살았는데, 그곳은 어린 저에게 세상의 모든 비바람과 근심을 막아주는 견고하고도 아늑한 성채와도 같았고, 그 안에 있으면 세상의 어떤 슬픔도 저를 침범할 수 없었습니다.

수협에서 부장급이라는 중요한 직책을 맡고 계셨던 아버지께서는 성실하고 유능한 가장이셨습니다. 아버지의 땀과 헌신 덕분에, 우리 가정은 부족함을 모르는 안정된 중산층의 삶을 누릴 수 있었습니다. 돈이 없어서 무언가를 포기해야 하는 설움이나, 배고픔의 기억 같은 것은 제 유년 시절의 사전에 단 한 번도 기록된 적이 없습니다. 오히려 주변의 친구들보다 더 유복한 환경 속에서, 저는 세상이 본래 이토록 평온하고 안전한 곳이라고 믿으며 자랐습니다. 이 경제적 안정감은 제 삶의 1현이 한 치의 흔들림이나 잡음 없이 오직 맑고 고운 소리만을 낼 수 있도록 든든하게 받쳐주는 공명통이었습니다.

제 어린 시절의 놀이터는 동네 비좁은 골목들이었고, 숭의초등학교 운동장 한쪽에서 친구들과 구슬치기를 하고 종이 딱지를 던지며 해가 기울 때까지 웃었습니다. 근심 없는 환경, 그것은 어린 영혼이 자유롭게 꿈꾸고 자라날 수 있는 가장 비옥한 토양이었습니다.

어머니의 기도, 세계를 품은 거실

그 평온하고 견고했던 성채의 중심에는, 언제나 하나님의 나라를 향한 어머니의 기도가 풍성하게 울리고 있었습니다.

전업주부셨던 어머니의 세계는 표면적으로 집이라는 공간에 한정된 것처럼 보였지만, 그분의 영혼과 기도는 언제나 시공간을 초월하여 전 세계를 향해 있었습니다. 어머니는 스스로를 '보내는 선교사'라 부르셨습니다. 직접 선교지로 떠나지는 못하지만, 그곳에서 복음을 위해 고군분투하는 이들을 위해 기도하고, 물질을 후원하며, 그들의 안식처가 되어주는 것으로 자신의 사명을 온전히 감당하셨습니다.

'불꽃 선교회'라는 이름의 선교팀을 직접 조직하여 회장직을 맡으셨고, 우리 집은 그 선교회의 자연스러운 본부이자, 세계 각국에서 지친 몸과 마음을 이끌고 찾아오는 선교사님들의 따뜻한 오아시스이자 정거장이 되었습니다. 저는 지금도 80년대 제물포 아파트의 거실 풍경을 선명하게 기억합니다. 매달 우리 집 거실을 채웠던 낯설지만, 정겨운 얼굴들, 먼 나라에서 오신 한국인 선교사님들이셨습니다. 그들의 얼굴에는 낯선 땅의 햇볕과 바람, 그리고 헤아릴 수 없는 고난의 흔적이 깊이 새겨져 있었습니다.

저는 그분들을 아주 자연스럽게 '이모', '삼촌'이라 부르며 따랐고, 어머니가 차려주신 따뜻한 밥상 앞에서 그들이 풀어놓는 이야기에 귀를 기울였습니다. 아무것도 몰랐던 어릴 적이라 기억이 나지 않지만, 그것은 아름다운 동화 같은 이야기가 아니었을 것입니다. 낯선 언어의 장벽 앞에서 더듬거리며 복음을 전할 때 아무도 귀 기울여주지 않아 홀로 눈물로 밤을 지새웠을 것이고, 돈도 자재도 없어 현지인들과 함께 맨손으로 흙벽돌을 만들어 작은 학교를 세우고서야 감사의 눈물을 흘렸을 것이고, 이름도 모를 풍토병에 걸려 사경을 헤매면서도 오직 기도로 버텨내며 기적적으로 살아났다는 이야기였을 것입니다. 어릴 적 보았던 선교사님의 길을 제가 똑같이 걸으며 겪은 일들이어서 그러하였으리라 생각됩니다. 어쩌면 그때의 알지 못한 이야기들이 제 선교의 토양이 되어 선교를 삶의 소명으로 받아들이는 데 있어 가장 깊고 강력한 뿌리가 되었다고 생각됩니다.

가정의 온기, 삶으로 배운 신앙

이 모든 화음의 중심에서, 가장 명료하고도 신비로운 주제 선율을 쉼 없이 연주하신 분은 바로 어머니셨습니다. 어머니는 저에게 성경 이야기를 마치 잠자리에서 듣는 옛날이야기처럼 들려주시곤 했습니다. 그 이야기들 속에서 하나님은 멀리 계신 두려운 심판자가 아니라, 언제나 우리와 함께하시는 가장 위대한 이야기의 주인공이셨습니다.

그 화음의 가장 낮은 자리를 묵직하게 지탱하고 계셨던 분은 바로 아버지셨습니다. 어머니처럼 신앙을 뜨겁게 표현하시는 분은 아니었지만, 그분의 존재 자체는 저에게 '정의'와 '정직'이 무엇인지를 가르쳐 주신 살아있는 교과서였습니다. 아버지는 부당한 일에는 결코 발을 들이지 않으셨고, 약한 사람의 편에 서는 것을 주저하지 않으셨습니다. 그 모습은 어린 저에게 세상의 옳고 그름을 판단하는 첫 번째 기준이 되었습니다.

그리고 그 위를 따스하게 감싸며 자유롭게 흐르던 아름다운 아르페지오는, 저와 각각 일곱 살, 다섯 살 터울의 두 분 누님이었습니다. 나이 차이가 꽤 있었기에, 누님들에게 저는 막냇동생이라기보다는 거의 애지

중지해야 할 조카와 같은 존재였습니다. "업어 키웠다"는 말이 결코 과장이 아닐 정도로, 저는 누님들의 지극한 사랑과 보살핌 속에서 어떠한 외로움이나 결핍도 느낄 새 없이 자랐습니다.

그 따스했던 보살핌의 기억은 저희가 살던 제물포 아파트 바로 옆, 숭학교 운동장의 풍경 속에 선명하게 남아 있습니다. 누님들은 제 손을 잡고 항상 넓은 운동장으로 향했습니다. 흙먼지가 날리는 운동장에서 저와 함께 뛰고, 그네를 밀어주고, 때로는 지친 저를 업고 집으로 돌아오곤 했습니다. 누님들의 웃음소리와 따뜻함이 넓은 운동장만큼이나 제 마음속에 가득 차 있습니다.

시대의 소리, 1980년대 대한민국

제가 태어난 1983년은 대한민국이 경제 고도성장의 한가운데 있었습니다. 컬러TV가 가정에 보급되기 시작했고, 88 올림픽을 앞두고 도시마다 새로운 건물과 도로가 세워졌습니다. 인천은 항구도시로서 무역과 어업이 활발했고, 수협은 지역 경제의 중심이었습니다. 당시 교회는 사회적으로도 영향력이 컸습니다. 새벽마다 종소리가 울렸고, 주일이면 거리가 한산해질 만큼 많은 이들이 예배당으로 향했습니다. 그 분위기 속에서 '선교'는 단순한 선택이 아니라, 마치 '대한민국의 사명'처럼 여겨졌습니다. 저의 가정이 품었던 선교의 열정은, 바로 이러한 시대적 부르심에 대한 작은 응답이기도 했습니다.

하나님의 씨앗, 고요한 뿌리 내림

돌이켜보면, 그 시절 아버지의 정의로운 성품과 어머니가 차려준 따뜻한 밥상, 우리 집 거실을 채웠던 선교사님들과의 만남, 교회 공동체에서 받은 사랑이 모두 제 안에 심어진 하나님의 씨앗이었습니다. 아직 그 씨앗이 어떤 열매를 맺을지 알지 못했지만, 훗날 인생의 거친 폭풍 속에서 저를 굳건히 붙들어 줄 깊고 단단한 뿌리가, 바로 그 평온하고 완벽했던 시간 속에서 소리 없이 자라고 있었다는 것을, 저는 그때 미처 알지 못했습니다.

가장 높은 곳에서 가장 순수한 소리를 내던 1현, 그것이 홀로 연주될 때 얼마나 단조로울 수 있는지를 아직 알지 못했습니다. 하나의 완전하고 깊이 있는 곡이 되기 위해서는, 때로는 낮고 어두운 현의 울림과 가슴 아픈 불협화음이 필요하다는 사실을, 그리고 그 모든 고통의 과정을 통해 마침내 더욱 깊고 풍성한, 영혼을 울리는 음악이 탄생한다는 진리를, 저는 아직 배우지 못했던 것입니다.

하지만 분명한 것은, 이 1현의 기억이야말로 제 모든 음악의 출발점이자 영원한 귀착점이라는 사실입니다. 이 시절에 제 온몸과 영혼에 축적되었던 완전한 사랑과 흔들림 없는 안정감, 그리고 순수한 믿음의 기억은, 훗날 제가 모든 것을 잃고 광야에 홀로 섰을 때 저를 지탱해 준 거의 유일한 힘이 되었습니다.

† 나의 기도

하나님 아버지, 제 삶의 첫 장을 이토록 눈부신 사랑과 평온함으로 채워주심에 감사드립니다. 흔들림 없는 믿음의 기초를 놓아주신 부모님과,

따스한 사랑으로 저를 감싸준 가족, 그리고 하나님의 살아계심을 삶으로 보여주신 수많은 믿음의 선배들을 허락하시니 감사합니다. 앞으로 펼쳐질 제 삶의 어떤 거친 선율 속에서도, 이 첫 번째 현의 맑고 순전했던 은혜의 기억을 절대 잊지 않게 하시고, 모든 것의 시작이요 끝이 되시는 주님만을 신뢰하게 하옵소서. 우리 주 예수 그리스도 이름으로 기도드립니다. 아멘.

첫 번째 현, 가장 높고 맑았던 선율

EPISODE 1
내 옆자리에 앉은 한 여자, 그녀가 내 인생의 '하얀 천사'였다.

남아공에서 어머니의 신॥ 사역을 도우며 신학 공부를 하던 저는, 경제적 어려움에 힘들어하는 어머니의 모습을 더 이상 보고만 있을 수 없었습니다. 하나님께서 저에게 원하셨던 길은 아프리카에서 선교사로 살아가는 것이었지만, 저는 저의 이성과 합리적인 생각으로 하나님의 뜻을 거부했습니다. 대신 '돈을 벌어 어머니를 돕겠다'는 지극히 인간적이고 오만한 계획을 세우고, 무작정 일본 유학을 떠났습니다. 이것이 저의 의지였습니다. 사람의 생각으로는 이보다 더 좋은 방법이 없어 보였죠. 몇 달 치 생활비와 어학원 등록금을 겨우 마련해 일본에 도착한 저는, 오로지 성공만을 향해 앞만 보고 달렸습니다.

어학원에 도착하자마자 저는 공부에만 매달렸습니다. 대부분의 유학생들은 낯선 환경에 들떠 공부보다는 노는 데 관심이 많기 마련인데, 신기하게도 제 옆자리에 앉은 한 여성만은 저처럼 공부에 열중하고 있었습니다. 첫인상은 저와는 전혀 다르게 순수해 보였는데, 겉모습과 달리(?) 모범생이었던 저의 면학 분위기에 그녀도 마음을 놓았던 것일까요? 우리는 함께 일본어 공부를 하며 즐거운 시간을 보냈고, 그녀가 바로 지금의 제 아내입니다.

그녀와의 만남은 정말 기적과도 같았습니다. 필리핀 여행을 다녀오던 그녀는 우연히 일본에 들렀다가, '3개월 비자를 그냥 준다'는 말에 즉흥적으로 어학연수를 결정했다고 합니다. 그리고 바로 등록한 어학원에서 배정받은 자리가 하필이면 제 옆자리였다는 사실에 저는 지금도 놀라움을 금치 못합니다. 3개월의 짧은 만남을 뒤로하고 아내가 한국으로 떠난 후에도, 우리는 5년에 가까운 시간 동안 장거리 연애를 이어갔습니다. 그 시간 동안 저는 갑작스러운 시력 상실과 면역 질환으로 인한 피부병 등 육체적 고통을 겪으며, 야심 차게 세웠던 꿈이 좌절되는 아픔을 경험했습니다. 결국 저는 모든 것을 잃은 채 남아공으로 돌아올 수밖에 없었죠. 그러나 가진 것도 없고 몸도 아픈 저와 결혼하여 남아공으로 기꺼이 함께 떠나준 아내. 저는 그녀의 사랑이 단순히 동정심이 아니었음을 압니다. 14년이 지난 지금도 두 아이를 낳고 제 옆에서 가장 든든한 동역자가 되어준 아내를 위해 '하얀천사(White Angel)'라는 곡을 만들었습니다. 저의 아내는 하나님이 저에게 보내주신 하얀 천사입니다.

♪ SONG 요한 연주곡 감상

하얀 천사 (White Angel)

상징하는 보석은 오팔입니다. 따뜻하고 부드러운 멜로디에 듣기 좋은 리듬으로 구성된 곡입니다. 사막에서 발견한 오아시스와도 같은 존재가 저의 삶에는 늘 함께합니다. 가장 소중한 사람에게 바치는 곡이기도 하며 그 사람에 대한 저의 마음을 표현한 곡입니다.

2

두 번째 현,
예고 없이 울린
불협화음

전환점 —
아버지의 갑작스러운 소천과 가세 기울기

"사람이 마음으로 자기의 길을 계획할지라도
그의 걸음을 인도하시는 이는 여호와시니라"
(잠언 16:9)

모든 악기에는 고유의 장력이 있습니다. 너무 느슨하면 제소리를 내지 못하고, 너무 팽팽하면 작은 충격에도 이내 끊어지고 맙니다. 제 삶의 1현은, 지난 십수 년간 하나님께서 허락하신 평온과 사랑이라는 이상적인 조건 속에서 가장 완벽한 장력을 유지하며 더없이 맑고 높은 소리를 내고 있었습니다.

그 투명한 선율 위에서 저는 세상이 영원히 아름다운 노래로만 가득할 것이라 믿었습니다. 아버지의 든든한 저음과 어머니의 기도하는 선율, 누님들의 따스한 아르페지오가 어우러진 우리 집이라는 작은 오케스트라는, 제게 세상의 전부였고, 그 안에서 저는 가장 안전하고 행복한 독주자였습니다.

하지만 음악이란 단 하나의 현으로 완성될 수 없는 법. 진정으로 깊고 풍성한 교향곡이 되기 위해서는, 예기치 못한 순간에 새로운 현이 더해져야만 합니다. 그 새로운 현은 때로는 이전의 모든 조화를 뒤흔드는 낯설고 두려운 소리를 품고 나타나, 기존의 선율과 격렬하게 충돌하며 듣는 이의 마음을 불편하게 만듭니다.

제 삶의 '2현'이 바로 그러했습니다. 그것은 어떠한 전주나 예고도 없이, 제 삶이라는 평온한 악기 위에 거칠고 난폭하게 더해졌습니다. 그 현이 처음으로 퉁겨졌을 때, 세상은 잠시 숨을 멈췄고, 저의 수정 같던 유년은 산산조각 나며 다시는 돌이킬 수 없는 막을 내렸습니다.

평온을 깨뜨린 전화

그날은 제 인생의 열네 번째 해에 맞이한, 중학교 2학년의 평범하디 평범한 겨울의 어느 날이었습니다. 그날 아침도 여느 때와 다르지 않았습니다. 어머니께서 차려주신 따뜻한 밥을 먹고 집을 나서는, 어제와 조금도 다르지 않을 오늘이었습니다. 그래서 세상은 기말고사라는 작은 소란함으로 분주했지만, 그 단단했던 저의 세계에 곧 거대한 균열이 생기리라고는 상상조차 하지 못했습니다.

학교 교실에 들어서자, 차가운 공기가 코끝을 찡하게 만들었고 난방기 소리와 함께 누구나 싫어하는 시험 특유의 건조한 긴장감이 가득했습니다.

하얀 시험지가 배부되고 10분쯤 지났을까, 사각거리는 연필 소리만이 가득하던 교실의 정적을 깨고 문이 조심스럽게 열렸습니다. 담임선생님이셨습니다. 평소의 온화한 미소는 온데간데없고, 무겁고 굳은 표정으로 성큼성큼 제게로 다가오셨습니다. 그러고는 제 어깨를 가볍게 두드리며, 다른 아이들에게는 들리지 않을 만큼 낮은 목소리로 말씀하셨습니다.

"요한아. 집에 빨리 가봐야겠다."

저는 순간 멍해졌습니다. 제 손에 들린 연필이 허공에서 멈췄습니다. "시험 보고 있는데요." 저의 열네 살 상식으로는 도저히 이해할 수 없는 상황이었습니다.

시험을 중단하고 학생을 집으로 보내는 일은, 적어도 제 세상에서는 있을 수 없는 일이었습니다. 하지만 선생님은 제 말에 아랑곳하지 않고, 그저 빨리 가보라는 말만 기계처럼 되풀이하셨습니다. 교실 안의 모든 시선이 일제히 제게로 쏠렸고, 함께 시험을 보던 친구들은 어리둥절한 표정으로 "무슨 일이지?" 하며 수군거렸습니다. 저는 영문도 모른 채, 풀다 만 시험지를 책상 위에 망연히 남겨두고, 제 삶의 모든 질서가 무너지는 그 첫걸음을 떼며 교실을 나설 수밖에 없었습니다.

대문 앞의 신발들

교문을 나서 집으로 향하는 버스에 올라탔을 때, 차창 밖으로 스쳐 지나가는 제물포의 풍경은 어제와 똑같았지만, 제 마음속에서는 이미 정체 모를 폭풍이 휘몰아치고 있었습니다. '무슨 일이 일어나긴 일어났구나.' 그 강렬하고도 불길한 직감과 함께, 온몸이 부들부들 떨려오기 시작했습니다. 버스의 진동이 심장 박동과 엇박자를 냈고, 손끝은 차갑게 식어갔습니다. 아무런 구체적인 정보도 없었지만, 제 영혼은 이미 거대한 비극의 서막을 감지하고 있었던 것입니다. 제발 아무 일도 아니기를, 그저 제가 모르는 어른들의 복잡한 사정이기를, 혹은 제가 꾸는 긴 악몽이기를. 평소라면 금방이었을 그 짧은 귀갓길이, 마치 끝이 보이지 않는 터널처럼 영원처럼 길게만 느껴졌습니다.

그리고 마침내 도착한 우리 집, 제물포 아파트. 집 앞 골목에 들어서자, 낯선 풍경이 눈에 들어왔습니다. 굳게 닫혀 있어야 할 현관문은 활짝 열려 있었고, 평소라면 없었을 수많은 어른들의 신발들이 뒤엉켜 어지럽게 널려 있었습니다. 불길한 예감에 심장이 쿵 하고 내려앉는 것을 느끼며 안으로 들어서자, 문을 열자마자 귀를 때린 것은 억눌린 울음소리였습니다.

온 집안에 사람들이 가득 들어차 있었고, 그 모든 혼돈의 중심에서, 거실 한가운데 어머니가 무릎을 꿇은 채 울고 계셨습니다. 주변에는 친척과 교인들이 둘러서 있었습니다. 눈을 돌리는 순간, 하얀 천으로 덮인 무언가가 눈에 들어왔고, 저는 본능적으로 그쪽으로 다가가려 했지만 발이 그대로 멈추었습니다.

"아버지... 하늘나라 가셨다."

어머니의 그 한마디에 시간과 공간이 멈춘 듯했습니다. 귀에서는 심장 소리만 크게 울렸고, 눈앞은 뿌옇게 번졌습니다. 제 삶의 1현이, 그토록 맑고 투명했던 현이, '탕' 하는 굉음과 함께 끊어져 버렸음을 직감했습니다.

정의로운 아버지의 마지막 모습

아버지는 평소 당뇨와 고혈압이 있었지만, 전날 밤까지도 건강해 보이셨습니다. 퇴직 후 아파트 경비 일을 하시던 중, 새벽녘 경비실에서 주무시듯 조용히 심장마비로 숨을 거두셨다고 했습니다. 어른들이 제게 들려준 이야기의 조각들은 제 머릿속에서 제대로 된 문장을 이루지 못하고 날카로운 유리 파편처럼 떠다녔습니다. 그저 아버지가 더 이상 이 세상에 계시지 않는다는, 그 거대하고도 잔인한 사실만이 거대한 바위처럼 제 가슴을 짓눌렀습니다.

어머니가 들려주신 아버지의 별명은 '정의파'였습니다. 부당한 일에는 결코 발을 들이지 않으셨고, 약한 사람의 편에 서는 것을 주저하지 않았습니다. 그 성품 덕분에 직장에서 존경받았지만, 때로는 손해도 컸습니다. 저는 그날 처음으로 '부재(不在)'라는 단어의 무게를 배웠습니다. 집 안의 공기가 달라졌습니다. 한때는 웃음소리로 가득 찼던 거실이, 이제는 차가운 정적 속에 놓였습니다. 아버지가 없는 세상, 그것은 세가 단 한 번도 상상해 본 적 없는, 완전히 다른 차원의, 색채와 온기를 잃어버린 흑백의 세계였습니다.

보이지 않던 균열

아버지의 부재는, 그러나, 단순한 슬픔의 시작이 아니었습니다. 그것은 우리 가족이 그때까지 누려왔던 모든 평온과 안정을 송두리째 뒤흔드는 거대한 균열의 시작점이었습니다. 아버지가 떠나신 직후, 겉으로는 큰 변화가 없어 보였습니다.

퇴직금과 적금, 그리고 우리 소유의 제물포 아파트가 있었기에 당장 생활이 무너지진 않았습니다. 어머니는 우리 삼남매 앞에서 눈물을 감추고 평정을 유지하려 했습니다. 하지만 그 평정 뒤에는 보이지 않는 균열이 있었습니다. 가족의 중심이 사라지자, 재정과 정서의 균형이 서서히 기울기 시작했습니다. 가장의 부재는 단순히 돈의 문제가 아니라, 가정의 의사결정과 방향을 잃는 일이었고, 그 보이지 않는 균열은 조용히 우리 가족을 잠식하고 있었습니다.

사기와 몰락

중학교 3학년 겨울방학, 우리 가정은 또 한 번의 폭풍을 맞았습니다. 남편을 잃은 슬픔을 채 추스를 겨를도 없이 홀로 가장이 되신 어머니는, 평생을 선하게, 그리고 세상 물정 모를 만큼 순수하게 살아오신 분이셨습니다.

그런 어머니에게 뱀처럼 교활한 사기꾼들이 오랜 지인을 가장하여 접근했습니다. 아버지의 퇴직금을 포함한 전 재산을 투자하면, 앞으로 아이들을 키우는 데 필요한 생활비를 매달 보내주겠다는 약속이었습니다. 홀로 남은 어머니에게 그 제안은 어두운 터널 끝에서 비치는 한 줄기 빛처럼 느껴졌을 것입니다. 어머니는 그 약속을 믿고 전 재산을 투자하셨고, 어머니를 신뢰했던 다른 분들까지 돈을 보태 그 일에 함께했습니다.

하지만 그 약속은 감언이설로 가득 찬 거짓이었습니다. 모든 돈이 허공으로 사라졌고, 함께 투자했던 분들은 그 모든 책임을 어머니에게 지웠습니다. 한순간에 우리 가족은 모든 것을 잃었을 뿐만 아니라, 다른 이들의 빚까지 떠안게 되었습니다. 어머니는 남아공으로 떠나시기 전, 우리가 살던 제물포의 자가 아파트마저 처분하여 그 돈을 모두 갚으셨고, 결국 어머니의 수중에는 단 한 푼도 남지 않게 되었습니다.

하지만 놀랍게도, 그리고 지금 생각하면 너무나 가슴 아프게도, 저는 당시 이 끔찍한 현실의 무게를 거의 실감하지 못했습니다. 어머니와 두 누님은, 이 모든 고통과 절망을 자신들만의 비밀로 간직한 채, 철없는 막내아들을 보호하기 위한 보이지 않는 방패를 쳤습니다. 저에게는 철저하게 집안의 어려운 사정에 대해 함구하셨습니다.

심지어 저는, 어머니께서 "요한아, 우리 남아프리카 공화국으로 가야겠다"는 폭탄선언을 하셨을 때, 그것이 우리 집이 어려워서가 아니라,

오히려 "부유해서" 해외로 나가는 것이라고 착각할 정도였습니다. 출국 당일, 어떤 분이 하나님께서 주시는 마음이라며 2천만 원을 들고 오셔서 기적적으로 여비를 마련하게 된 사실조차, 당시의 저는 알지 못했습니다. 훗날 그 모든 진실을 알게 되었을 때, 저는 저를 지키기 위해 어머니와 누님들이 얼마나 깊고 어두운 슬픔의 강을 건너야 했는지를 깨닫고 오랫동안 가슴을 쳐야만 했습니다.

남아공을 향한 부르심

모든 것을 잃고 한국에서는 더 이상 살아갈 길이 막막해지자, 어머니는 마지막 남은 돈을 들고, 과거 선교사님들을 통해 인연을 맺었던 머나먼 땅 남아프리카를 마지막 피난처로, 그리고 새로운 사역지로 택하셨던 것입니다. 그것은 생존을 위한 길이자, 하나님이 주신 사명이었습니다.

그러나 그 길은 인간적인 계획만으로는 결코 열릴 수 없는 길이었습니다. 그때, 그분의 놀랍고도 세밀한 섭리가 시작되었습니다. 우리 가족이 다니던 인천 제2장로교회의 담임이셨던 이건영 목사님께서, 수많은 반대와 현실적인 어려움에도 불구하고, 마치 하나님께 등 떠밀리듯 저희 어머니의 '평신도 선교사 파송'이라는 유례없는 일을 강권적으로 추진하셨습니다. 그 덕분에 어머니는 한 달에 60만 원이라는 귀한 후원금을 약속받고, '선교사'라는 공식적인 직함을 가지고 남아공으로 향할 수 있는 최소한의 발판을 마련하게 되었습니다.

루스텐버그라는 이름

어머니의 입에서 "루스텐버그"라는 낯선 이름이 흘러나왔을 때, 그 단어는 제게 아무런 실체도, 무게도 갖지 못했습니다. 그것은 그저 아프리카 대륙 어딘가에 있을 이국적인 지명일 뿐이었습니다. 우리의 새로운 삶의 무대가 될 곳은 남아공에서도 변두리인 루스텐버그, 세계적인 백금(PGM) 광산으로 유명하지만, 그 이면에는 기난과 불평등이 황톳빛 평야처럼 널려 있는 시골 마을이었습니다.

그 낯선 이름의 땅이 앞으로 제 유년의 모든 기억을 뒤덮고, 제 삶의 방향을 송두리째 바꾸어 놓을 거대한 무대가 될 것이라고는, 당시의 저는 상상조차 하지 못했습니다.

저는 철없는 아들이었습니다. 아버지의 죽음 이후 찾아온 집안의 처참한 실상은 어머니와 누님들이 쳐놓은 사랑의 방패막 뒤에 완벽히 가려져 있었습니다. 저는 우리가 살던 제물포 아파트가 다른 사람의 손에 넘어갔다는 사실도, 아버지의 퇴직금이 공중으로 사라졌다는 사실도 알지 못했습니다. 그래서 어머니의 "우리 아프리카 가서 살 거라"는 선언을 들었을 때, 저는 그것을 슬픈 도피가 아닌 가슴 뛰는 기회로 받아들였습니다.

친구들에게 "나 이제 아프리카 간다"고 자랑하며 어깨를 으쓱거리던 제 모습 뒤로, 어머니는 타국에서 한 달도 못 버틸 적은 돈을 손에 쥐고 어떻게든 아들을 먹여 살려야 한다는 처절한 기도를 밤새 올리고 계셨음을 저는 까맣게 몰랐습니다. 저에게 루스텐버그는 새로운 모험의 시작이었지만, 어머니에게 그곳은 모든 것이 무너진 폐허 위에서 믿음 하나로 다시 집을 지어야 할 마지막 땅, 광야였습니다.

한국에서 남아프리카 공화국을 향하여

출국일이 다가오면서, 견고했던 우리 가족이라는 성채는 현실의 무게 앞에 뿔뿔이 흩어져야 했습니다. 서울신학대학에 재학 중이던 작은누님은 학업을 이어가기 위해 한국에 남기로 결정했습니다. 눈물로 서로의 앞날을 축복했지만, 그 이별은 기약 없는 이별이었습니다.

큰 누님은 일단 어머니와 함께 떠나왔지만, 곧 신학 공부를 위해 스코틀랜드로 향해야 했습니다. 아버지를 잃은 슬픔이 채 가시기도 전에, 저희는 서로의 빈자리를 감당해야 하는 또 다른 이별을 맞이해야 했습니다. 마침내 공항으로 향하던 날, 한국의 익숙한 풍경들이 차창 밖으로 무심하게 스쳐 지나갔습니다. 그 모든 것과의 마지막 인사였습니다.

그렇게 그 광활하고 낯선 땅 남아프리카 공화국 요하네스버그 공항에 첫발을 내디딘 사람은, 결국 아직 세상 물정 모르는 아들과, 모든 것을 잃었지만 믿음 하나로 버티는 어머니, 단둘만이 덩그러니 남게 되었습니다. 비행기 문이 열리고 남반구의 뜨거운 공기가 폐부 깊숙이 밀려 들어오는 순간, 저는 비로소 이곳이 더 이상 상상 속의 공간이 아님을 실감했습니다. 태양은 한국의 그것보다 훨씬 더 강렬하고 매섭게 내리쬐었고, 공기 속에는 붉은 흙과 마른풀이 뒤섞인 낯선 냄새가 가득했습니다. 그것은 새로운 시작을 알리는 희망의 냄새라기보다는, 모든 것이 불확실한 광야의 막막함에 더 가까웠습니다.

하나님의 숨겨진 계획

그 당시 제 마음을 채웠던 것은 단지 익숙한 땅을 떠나는 설렘과 미지의 세계에 대한 두려움이 뒤섞인 혼란스러운 감정뿐이었습니다. 아버지의 갑작스러운 죽음, 하루아침에 전 재산을 잃어버린 사건, 그리고 대륙을 건너야 했던 갑작스러운 결단까지, 제게 닥친 모든 일들은 그저 감당하기 힘든 불행의 연속처럼 보였습니다. 왜 우리 가족에게 이런 일이 일어나야 하는지, 수없이 질문을 던졌지만, 답을 찾을 수 없었습니다.

그러니 시간이 한참 흐른 뒤에야, 저는 그 모든 조각들이 하나의 그림을 이루고 있었음을 깨닫게 되었습니다. 그 모든 것이 훗날 하나님의 계획이었음을, 저는 나중에야 비로소 깨달았습니다. 만약 아버지가 돌아가시지 않았다면, 만약 우리 가정이 재정적으로 몰락하지 않았다면, 저는 아마 인천 제물포의 평범한 아이로 자라 안정된 삶을 살았을 것입니다. 하나님께서는 저를 그 안락한 울타리에서 꺼내기 위해 제 삶의 기반을 송두리째 흔드셨습니다.

가장 소중한 것을 잃게 하심으로, 세상이 아닌 오직 주님만을 의지하게 하셨습니다. 인천 제2장로교회 이건영 목사님을 통해 평신도 선교사 파송이라는 기적의 문을 여신 것도, 모든 인간적인 계획이 좌절된 바로 그 자리에서 하나님의 일을 시작하시려는 섭리였습니다. 비록 당시의 저는 알지 못했지만, 하나님은 이미 보이지 않는 길 위에서 저를 사명의 자리로 한 걸음씩 이끌며 준비시키고 계셨습니다.

† 나의 기도

주님, 제 삶의 가장 평온했던 순간에 불어닥친 폭풍우를 기억합니다. 모든 것을 잃고 길을 헤맬 때, 하나님은 왜 침묵하셨는지 원망하기도 했습니다. 그러나 이제 돌아보니, 그 모든 상실과 아픔의 과정이 저를 하나님 아버지의 계획 안으로 이끄시는 손길이었음을 고백합니다. 저의 기반을 흔드심으로 하나님만을 의지하게 하시고, 낯선 땅으로 저를 부르시어 새로운 사명을 준비시키신 그 놀라운 섭리에 감사와 찬양을 드립니다. 우리 주 예수 그리스도 이름으로 기도드립니다. 아멘.

EPISODE 2
두 아이에게서 배운, 세상 가장 위대한 사랑

사랑하는 아내와 결혼하고 얼마 지나지 않아, 우리는 또 다른 의미의 '위기'를 맞았습니다. 변변한 일자리도 없이 겨우 소일거리를 찾아다니던 제가, 아빠가 되었기 때문입니다. 결혼한 지 2년도 채 안 되어 첫째 딸 라희가 태어났을 때, 기쁨보다 막막함이 앞섰습니다. 한국에서 태어난 라희는 100일이 지나 비행기를 타고 남아공으로 돌아왔습니다. 20시간이 넘는 긴 비행 동안, 저는 '내가 과연 이 아이를 잘 키울 수 있을까? 좋은 아빠가 될 수 있을까? 아프리카에서 행복할 수 있을까?' 하는 끝없는 질문들을 던졌습니다. 혹시나 저처럼 학교에서 '400 대 1'의 싸움을 매일 하게 될지 걱정이 앞섰습니다. 그러나 걱정만 하고 있을 수는 없었습니다. 한 아이의 아빠가 된 저는 그때부터 닥치는 대로 더 열심히 일했습니다. 마땅히 할 일이 없었던 제가 기타를 치며 아르바이트를 시작한 것도 그때부터였다는 사실이 지금 생각해도 참 신기합니다.

라희는 태어날 때부터 참 효녀였습니다. 낮에 잘 놀고 밤에 잘 자고, 아프지도 않고 건강하게 자라주었습니다. 제가 기타 치는 소리를 좋아해서 울다가도 기타를 쳐주면 춤을 추는 고맙고 착한 아이였습니다. 우리는 '이 아이를 한국 아이로 키우자'는 생각에 영어 조기 교육을 완전히 포기하고 집에서는 한국말만 사용했습니다. 라희가 태어나고 2년이 채 안 되어 연년생 같은 두 살 터울의 동생 라임이가 태어났습니다. 라임이는 남아공 병원에서 태어났는데, 그때의 기억은 아직도 생생합니다. 한국의 산부인과와 달리 남아공의 출산 환경은 '야생 월드 그 자체'였습니다. 의사, 간호사 한 명, 그리고 아빠가 보조를 해야 하는 상황이었죠. 자연분만이 어려워지자, 의사는 산모의 배에 올라타 누르기 시작했고, 간호사는 도망을 갔습니다. 저는 당황할 틈도 없이 아내에게 의사의 말을 통역하고 보조를 맞추어야 했습니다. 뚫어뻥 같은 도구로 머리를 끌어당겨 머리가 찌그러진 상태로 태어난 라임이는 숨을 쉬지 못해 얼굴이 보라색이었습니다. 울지 않는다고 마구 때리는 의사를 보며 신기하기까지 했고, 마침내 라임이가 울음을 터뜨리자 씩 웃는 의사의 모습이 지금도 잊히지 않습니다. 그 과정에서 아내도, 의사도, 라임이도, 그리고 저도 참 대단했다고 생각합니다.

작고 나약한 두 동양 아이가 아프리카 현지인들 사이에서 잘 버텨낼 수 있을지 걱정이 많았습니다. 저는 다정하지만, 엄한 아빠가 되려고 노력했습니다. 험한 말을 하지 않고 친구처럼 대했지만, 잘못한 행동에는 울면서라도 혼을 냈습니다. 그러나 아이들은 아빠가 혼내는 데는 이유가 있다고 생각했고, 자신들이 잘못하지 않으면 이유 없이 혼내지 않는다는 것을 인지했습니다. 그래서 큰 잘못을 했을 때는 무서워하는 엄마 대신 "제발 아빠한테만큼은 말하지 말아 주세요"라고 부탁하기도 했습니다.

아기 시절이 지나고 라희가 6살, 라임이가 4살이 되었을 무렵, 동네의 넓은 운동장에서 라임이가 저를 향해 뛰어오는 모습을 보았습니다. 저는 달려온 아이를 하늘로 번쩍 들어 올렸고, 푸른 하늘에 녹아든 듯한 라임이의 모습은 제게 큰 용기와 위로를 주었습니다. 저는 그 순간 '하늘라임'이라는 곡을 만들었고, 이 곡은 제가 경험했던 가장 깊은 은혜의 순간을 담고 있습니다. 제가 기억하는 아버지의 마지막 모습은 제물포 지하상가에서 힘없이 걸어오시던 초라한 모습이었고, 저는 그런 아버지를 부끄러워하며 피했던 아픔이 있습니다. 하지만 저를 향해 달려온 라임이의 모습은 그 아픔을 치유해 주는 하나님의 선물이었습니다. '하나님도 나를 이렇게 사랑하실까?'라는 은혜가 넘쳐흘렀고, 이 아이를 위해 모든 것을 다할 자신이 생겼습니다.

라희가 초등학교에 입학했을 때, 우리 집 교육 방침 때문에 영어를 잘하지 못해 의사소통에 어려움을 겪었습니다. 하지만 저는 아이가 한국인으로서의 정체성을 먼저 가지는 것이 중요하다고 믿었고, 영어는 학교에 가면 자연스럽게 잘하게 될 것으로 생각했습니다. 그 결과 라희는 한국어를 완벽하게 구사하게 되었지만, 학교에서는 영어가 잘 통하지 않았습니다. 그런데 놀랍게도 라희는 따돌림을 당하는 대신, 한 선생님의 지혜로운 말씀 덕분에 반 친구들의 협력을 끌어내는 다리 역할을 하게 되었습니다. 선생님은 "너희들은 같은 반에 영어를 하지 못하는 친구가 있다는 것을 행복하게 생각해야 한다. 이 아이를 도와 잘 적응하도록 도우라"고 말했습니다. 라희는 친구들의 도움을 받으며 성장했고, 5학년 때는 영어를 잘하게 되었을 뿐 아니라 '크리스천 캐릭터'라는 학교 MVP 상을 받기까지 했습니다. 저는 부족한 아빠였지만, 라희는 불평하기보다 감사하는 법을 아는 아이로 자라주어 고마웠습니다.

라임이는 누나만큼 공부를 잘 하지는 않지만, 순수하고 비상한 머리를 가졌습니다. 저를 완전히 똑같이 닮은 것 같습니다. 어리광도 많이 부리지만 착하고 귀엽게 성장했습니다. 이 두 아이를 보며 제가 느끼는 가장 큰 감정은, 부족한 아빠이지만 아이들이 저를 깊이 사랑하고 있다는 것입니다. 제가 이 아이들을 깊이 사랑하는 것을 아이들이 느끼고 있는 것일까요? 이 시대에 이렇게 착하고 건강한 두 아이를 주신 하나님의 은혜에 깊이 감사합니다. 앞으로도 이 아이들이 하나님 안에서 바르게 자랄 수 있도록 최선을 다할 것입니다.

♬ SONG 요한 연주곡 감상

하늘라임 (Skylaim)

제 아들 '라임'이를 떠올리며 지은 곡입니다. 뛰어놀던 라임이가 제 품으로 달려왔습니다. 아들을 번쩍 높이 들어 올렸죠. 파란 하늘 아래 웃고 있는 라임이의 얼굴, 하늘라임(Skylaim)입니다. 아들 라임이가 이 곡처럼 씩씩하고 밝게 살아가길 바랍니다.

3

세 번째 현,
광야에서 찾은
낯선 선율

새로운 대륙 —
남아프리카 공화국 루스텐버그

"내가 새벽 날개를 치며 바다 끝에 가서 거할찌라도
곧 거기서도 주의 손이 나를 인도하시며
주의 오른손이 나를 붙드시리이다"
(시편 139:9-10)

음악에서 전조(modulation)는 익숙한 조성을 떠나 새로운 조성으로 나아가는, 긴장감과 기대감을 동시에 품은 모험입니다. 그것은 때로 불안하고 낯설게 들리지만, 곡 전체에 깊이와 다채로움을 더하기 위해 반드시 거쳐야 하는 과정입니다.

제 삶의 2현이 예고 없는 불협화음으로 유년의 모든 멜로디를 산산조각 냈다면, 3현은 그 폐허 위에서 전혀 다른 조성의, 생소하고 이국적인 선율로 시작되었습니다. 그것은 고향의 노래가 아닌, 유배지에서 부르는 나그네의 노래였고, 모든 것이 불확실한 광야에서 더듬더듬 새로운 화음을 찾아 나가는 고독한 여정이었습니다.

제 삶의 악보에 '남아프리카 공화국'이라는, 한 번도 상상해 본 적 없는 조표가 찍혔을 때, 저의 3현은 그렇게 두려움과 작은 희망 속에서 그 첫 음을 튕겼습니다.

낯선 공기의 냄새

모든 비극의 시작은, 너무나 역설적으로, 하나의 꿈같은 여행에서 비롯되었습니다. 아버지가 돌아가시고 집안이 나락으로 떨어지던 그 혼돈의 시기, 중학교 3학년 겨울방학쯤, 어머니는 저를 데리고 한 달간의 아프리카 여행을 떠나셨습니다.

아직 집안의 처참한 실상을 전혀 알지 못했던 철없는 아들에게, 그 여행은 그저 신기하고 즐거운 모험일 뿐이었습니다. 광활한 대지, 이국적인 풍경, 생전 처음 보는 동물들과 사람들의 모습에 저는 완전히 매료되었습니다. 모든 것을 잃고 마지막 남은 돈을 털어, 앞으로 살아갈 땅을 정탐하듯 떠난 어머니의 그 처절한 여행을, 저는 마냥 신나는 가족 여행으로만 여겼습니다.

그렇게 아프리카에 대한 막연한 동경을 품고 돌아온 지 얼마 되지 않아, 어머니는 제게 "우리 아프리카 가서 살 거야"라는 폭탄선언을 하셨습니다.

그리고 몇 개월 후, 2000년대 초의 어느 날, 저는 요하네스버그 국제공항의 문을 나서는 순간, 제 피부를 스치는 공기가 이전의 여행 때와는 전혀 다르게 느껴짐을 깨달았습니다. 인천의 눅눅하고 짠 내 섞인 바닷바람과는 전혀 다른, 건조하고 뜨거운 공기가 폐부 깊숙이 밀려들어 왔습니다. 남반구의 여름은 한국의 여름과는 결이 달랐습니다. 햇빛은 마치 손에 쥘 수 있을 만큼 강하게 내려꽂혔고, 그 빛 속에는 붉은 흙먼지와 마른풀 향이 섞여 있었습니다.

비행기에서 내리는 내내 애써 외면했던, 그러나 마음 깊은 곳에서부터 피어오르던 막막함이 그 낯선 공기와 함께 온몸으로 느껴졌습니다.

공항에서 루스텐버그로 가는 길, 차창 밖 풍경은 끝없이 펼쳐진 평원과 그 위를 자유롭게 떠도는 짙은 구름이었습니다. 아카시아가 간간이 서 있었고, 풀밭 사이에는 낯선 새들이 느릿하게 날아올랐습니다.

모든 것을 잃고 도망치듯 떠나온 어머니와, 그런 어머니의 속도 모른 채 "우리 집이 잘살아서 남아공에 가는 줄 알았어요"라고 착각하며 새로운 모험에 대한 막연한 기대를 품었던 철없는 아들. 우리 둘을 태운 차는 그 광활하고 막막한 풍경 속으로 한없이 작아지며 달려갔습니다. 그 장관 속에서도 제 마음 한구석에는 '이곳에서 과연 적응할 수 있을까?' 하는 불안이 자리하고 있었습니다.

루스텐버그 – 광산과 농업의 땅

우리의 새로운 삶이 시작된 곳은 남아공 북서부 노스웨스트주에 위치한 시골 마을, 루스텐버그였습니다. 그곳은 세계적인 백금(PGM) 광산으로 유명했지만, 중심가를 조금만 벗어나면 비포장도로와 낡은 주택, 황톳빛 평야가 이어졌습니다.

하늘은 넓고 푸르렀지만, 땅 위에는 가난과 불평등이 뚜렷하게 드러나 있었습니다. 저희가 도착했을 때는 아파르트헤이트가 끝난 지 얼마 되지 않은 시점이라, 사회는 희망과 함께 깊은 상처와 불신을 동시에 품고 있었습니다.

인구의 약 80%가 흑인이었고, 20% 정도가 백인이었으며, 그 안에는 아프리칸스계, 영국계, 포르투갈계, 그리스계, 인도계까지 섞여 있었습니다. 공용어만 11개인 나라에서, 루스텐버그에서는 주로 아프리칸

스어와 츠와나어, 그리고 영어가 쓰였습니다. 하지만 '다른 인종이 자연스럽게 어울리는 모습'은 여전히 보기 어려웠습니다. 아파르트헤이트의 상처가 여전히 아물지 않은 채, 보이지 않는 경계선이 사람들의 삶 속에 깊이 그이져 있었습니다.

우리가 정착한 '세븐 모파니'라는 이름의 집은, 그 루스텐버그의 축소판과도 같았습니다. 수영장까지 딸린 제법 근사해 보이는 외관은, 한국에서 온 이민자 가정이 넉넉한 유학 생활을 시작하는 것처럼 보이기에 충분했습니다. 하지만 그럴듯한 외관과는 달리, 집은 너무 낡아서 온갖 쥐와 벌레가 들끓는 곳이었습니다.

그 집은 마치, '잘 살아서 유학 왔다'는 저의 해맑은 착각과, 실제로는 수중에 단 2천만 원을 들고 쫓겨 오다시피 한 우리 가족의 처참한 현실 사이의 기묘한 간극을 보여주는 듯했습니다. 저는 수영장을 보며 새로운 생활에 대한 기대를 품었지만, 어머니께서는 낡고 오래된 집에서 쥐와 벌레와 함께 살아갈 수밖에 없는 현실을 묵묵히 받아들이시며, 이 낯선 땅에서 아들과 살아남아야 한다는 무게를 온몸으로 감당하고 계셨습니다.

하이스쿨, 그리고 외로움

제가 송도고등학교 1학년을 마치고 입학하게 된 그랜빌 하이스쿨은 당시로서는 드물게 여러 인종이 함께 공부하는 국립학교였습니다. 전교생 400명 남짓의 그 학교는, 흑인 학생이 80%, 백인 학생이 20%를 차지했고, 그 안에는 포르투갈계, 그리스계 등 다양한 국적의 아이들이 뒤섞여 있는 작은 세계와도 같았습니다. 그러나 그 다양성 속에서, 저와 같은 외모를 한 아이는 단 한 명도 없었습니다. 아니, 동양인 자체가 저 하나뿐이었습니다.

저는 그 자체로 움직이는 구경거리였고, 아이들의 시선에는 순수한 호기심과 낯섦에서 비롯된 거리감이 동시에 담겨 있었습니다. 쉬는 시간이 되면 아이들은 저마다의 언어로 재잘거리며 자신들의 그룹으로 모여들었습니다. 흑인 아이들은 흑인 아이들끼리, 백인 아이들은 백인 아이들끼리, 포르투갈계 아이들은 또 그들끼리 견고한 원을 이루어 웃고 떠들었습니다. 저는 그 어떤 원에도 속하지 못하는 섬이었습니다. 텅 빈 복도나 교실 구석에 홀로 서서 그 모습을 멀거니 바라보아야만 했습니다.

무엇보다 저를 가장 무력하게 만든 것은 언어의 장벽이었습니다. 영어를 정말 한마디도 하지 못했던 저는, 수업 내용을 전혀 따라가지 못했습니다. 선생님이 무언가 질문하면 머릿속이 하얘졌고, 말문이 막혔습니다. 마음속에 할 말은 가득했지만, 그것을 표현할 길이 없는 살아있는 유령, 움직이는 이방인이었습니다.

친구들은 저를 '말을 못 하는 아이'로 오해했고, 저는 점점 더 깊은 침묵 속에 갇혀 갔습니다. 나중에야 친구들은 제가 1년 동안 말을 전혀 하지 않아서, 다들 제가 말을 못 하는 실어증에 걸린 줄 알았다고 고백했습니다. 아이들은 저를 놀려댔습니다. "남아공엔 왜 왔냐?"는 식의 질문을 던지고, 반 전체가 저를 보며 웃기도 했습니다. 그러나 하나님의 은혜는 참으로 놀라웠습니다. 저는 그들이 하는 말을 전혀 이해하지 못했기에, 그 모든 놀림과 조롱 속에서도 전혀 상처를 받지 않았습니다.

그들의 말은 제게 의미 있는 단어가 아닌, 그저 낯선 소음일 뿐이었고, 그러니 기분이 나쁠 것도 없었습니다.

집에 돌아오면 한마디 말도 하지 않은 채, 사전을 붙잡고 하루 종일 단어를 외웠습니다. 하루하루가 전쟁이었습니다. 그 고독과 단절의 시간, 제 삶의 3현은 마치 조율되지 않은 뻣뻣한 새 현처럼, 아무런 소리도 내지 못한 채 그저 침묵으로 버텨내야만 했습니다.

설상가상으로 어머니의 92년식 낡은 아우디 차는 어찌나 낡았던지, 100미터 밖에서도 "기기기기" 하는, 마치 드라큘라 차와도 같은 요란한 소리를 내며 달렸습니다. 학교가 끝날 무렵 그 소리가 들려오면, 친구들은 어김없이 "요한아, 너희 엄마 온다!"라며 저를 놀려댔습니다. 저는 그 소리가 너무나 부끄러웠지만, 지금 생각해 보면 그 차는 부서지고 망가진 모습 그대로, 가장 낮은 곳을 향해 달려갔던 우리 가족의 모습이자, 하나님의 은혜를 실어 나르던 거룩한 소음의 전차였을지도 모르겠습니다.

언어의 벽을 넘다

그렇게 침묵의 시간이 1년쯤 흘렀을 때, 놀라운 일이 벌어졌습니다. 학교에서 침묵으로, 집에서 단어장과 씨름하며 보낸 그 절박하고도 치열한 시간이 쌓여, 어느 날 거짓말 같은 일이 일어났습니다. 쉬는 시간에 한 백인 친구가 농담을 던졌습니다. 평소 같았으면 그저 어색하게 웃기만 했을 텐데, 그날은 저도 모르게 무심코 영어로 대답이 튀어나왔습니다. 그 순간, 주변 친구들이 "와, 너 영어 하네?" 하며 놀랐습니다.

마치 막힌 것이 뻥 뚫리듯 1년간 억눌렸던 모든 생각과 감정들이 영어라는 언어로 폭발적으로 분출되었습니다. 1년 동안 꾹꾹 눌러 담았던 말들이, 마치 댐이 무너지듯 봇물 터지듯 흘러나왔습니다. 어제까지 말 한마디 못 하던 아이가, 갑자기 누구보다 유창하고 말이 많은 사람이 되었으니, 그 모습을 본 모두가 기가 막혔다고 합니다.

그날 이후, 저는 조금씩 대화에 끼기 시작했습니다. 완벽한 문장은 아니었지만, 말이 통한다는 사실이 저를 해방했습니다. 언어의 벽이 무너지자, 사람들의 마음도 조금씩 열렸습니다. 선생님들도 "네가 이렇게 말이 많은 줄 몰랐다"고 웃으셨습니다.

그때 깨달았습니다. 언어는 단순한 의사소통의 도구가 아니라, 관계의 문을 여는 열쇠라는 것을요. 1년간의 기나긴 고독 끝에 처음으로 친구를 사귀었을 때의 그 기쁨은, 제 삶에서 결코 잊을 수 없는 감격의 순간이었습니다. 침묵의 현이 비로소 제소리를 내기 시작한 것입니다.

어머니의 쓰레기장 스튜 사역

제가 학교라는 작은 세상에서 침묵의 사투를 벌이고 있을 때, 어머니는 밖에서 또 다른 형태의, 그러나 더욱 치열하고 거대한 사역을 시작하셨습니다. 아들이 겪는 외로움과는 비교할 수 없는, 한 민족의 깊은 상처와 절망을 마주하는 일이었습니다. 영어를 거의 하지 못하셨던 어머니는 유창한 설교나 논리적인 변증으로 다가갈 수 없었습니다. 어머니는 당신께서 가장 잘 아시는 언어, 바로 사랑이 담긴 음식으로 말할 줄 아셨습니다.

남아공에서는 소고기가 비교적 저렴했기에, 어머니는 매달 반 마리씩, 고기를 사서 큼지막하게 썰고 양파, 감자, 당근을 듬뿍 넣어 진한 스튜를 끓이셨습니다. 그 냄비는 언제나 풍성하게 나눌 수 있을 만큼 넘치도록 가득 찼습니다. 그리고 어머니는 그렇게 준비한 음식을 92년식 낡은 아우디에 싣고, 무작정 동네의 가장 낮은 곳, '루카(LUCA)' 지역의 쓰레기장 온갖 것들이 버려져 썩어가는 곳, 현지인들이 '덤핑 사이드(Dumping Site)'라고 부르는 곳을 향하셨습니다.

그곳은 단순히 가난한 동네가 아니었습니다. 수십 년간 이어진 인종차별정책, 아파르트헤이트가 남긴 지워지지 않는 흉터이자, 세상으로부터 버림받은 영혼들이 모여드는 마지막 종착지였습니다. 체계적인 차별 속에서 교육과 일자리의 기회를 박탈당하고, 대대손손 가난과 질병을 대물림해야 했던 이들이 기댈 곳 하나 없이 밀려나 형성된 곳이었습니다.

썩어가는 쓰레기 더미에서 나오는 악취와 먼지 속에서, 사람들은 얇은 판자와 비닐로 얼기설기 엮은 집에서 하루하루를 연명했습니다. 그곳의 공기에는 희망 대신 짙은 체념이, 생기 대신 죽음의 그림자가 배어 있었습니다. 아이들은 헐렁한 옷을 입고 있었고, 딱딱하게 굳은 땅을 맨발로 뛰어다녔으며, 텅 빈 눈동자에는 나이를 가늠할 수 없는 깊은 슬픔이 어려 있었습니다. 그곳은 삶의 터전이라기보다, 죽음을 기다리는 마지막 생존의 공간에 가까웠습니다.

어머니는 바로 그 절망의 한복판으로 차를 몰고 들어갔습니다. 그러고는 그들에게 따뜻한 스튜를 나눠주며, 당신이 할 수 있는 거의 유일한 두 마디의 영어를 반복해서 말했습니다.

"God loves you, I love you." "하나님이 당신을 사랑하십니다. 저도 여러분을 사랑합니다."

그 말을 하며, 어머니는 냄새나고 남루한 행색의 그들을 한 명 한 명 따뜻하게 끌어안아 주셨습니다. 처음에는 경계하던 사람들도, 따뜻하고 맛있는 음식과, 자신을 있는 그대로 받아주는 진심 어린 포옹 앞에서 조금씩 마음을 열기 시작했습니다. 세상으로부터 쓰레기처럼 버려졌다고 생각했던 그들에게, 이 작고 낯선 동양 여성의 조건 없는 사랑은 그 자체로 충격이자 이해할 수 없는 기적이었습니다.

어머니의 사역은 3년 동안 일주일에 두 번씩, 단 한 번도 멈춘 적이 없습니다. 그 꾸준한 사랑의 발걸음은 절망의 땅에 놀라운 변화를 불러왔습니다. 체념으로 가득했던 사람들의 눈에 조금씩 생기가 돌기 시작했고, 아이들의 얼굴에는 웃음꽃이 피어났습니다. 그리고 마침내, 그 쓰레기장 한가운데에 작은 교회가 세워졌습니다.

처음 교회가 세워진 모습은 컨테이너가 아닌, 천으로 만든 허름한 텐트였습니다. 세상의 모든 버려진 것들이 모여드는 그곳에, 가장 연약한 모습의 교회가 처음 뿌리를 내렸습니다. 그러나 그 텐트 안에서 드려지는 예배는 절대 연약하지 않았습니다. 죽음을 기다리던 이들이 모여 함께 음식을 나누고, 서로의 아픔을 보듬으며 목소리 높여 찬양하는 생명의 공간으로 변화되었습니다. 그 뜨거운 믿음의 결과, 훗날 그 자리에는 정말로 멋진 벽돌로 만든 예배당이 세워졌습니다. 절망의 땅이었던 쓰레기장은, 이제는 지역 사회에 굳건히 서서 희망을 선포하는 하나님의 집이 된 것입니다. 감격의 헌당 예배를 드린 후, 어머니는 그곳에 안주하지 않으셨습니다. 어머니는 하나님의 부르심을 따라 또 다른 복음의 불모지인 가나나와 모룰렝 지역으로 떠나 새로운 개척 교회를 위해 헌신하셨습니다.

믿음으로 살아가는 법

어머니의 쓰레기장 사역이 계속될 수 있었던 것은, 지금 생각해도 설명하기 어려운 기적이었습니다. 한국의 교회에서 보내주시는 월 후원금은 60만 원이 전부였습니다. 그 돈으로 저희 두 식구의 생활비와 집세, 그리고 일주일에 두 번씩 수십 명을 먹이는 스튜 재료비와 사역지로 향하는 차량의 기름값까지 감당해야 했습니다. 산술적으로는 불가능한 일이었습니다. 실제로 매달 솥에 넣을 소고기가 떨어지고, 낡은 아우디의 기름 탱크가 바닥을 보이는 순간은 어김없이 찾아왔습니다. 그러나 어머니는 단 한 번도 불안한 기색을 내비치지 않으셨습니다. 어머니의 대처는 언제나 기도였습니다.

그럴 때마다 신기한 일이 벌어졌습니다. 어떻게 알았는지 한국의 누군가가 송금을 해주셨다고 합니다. 쓰레기장에 가져갈 음식이 없을 때 하나님께서 누군가를 통하여 내민 도움의 손길로 쓰레기장에 다시 음식을 가져갈 수 있는 그것을 저는 '믿음의 경제'라 불렀습니다.

이론으로만 배웠던 "너희 모든 쓸 것을 채우시리라"는 말씀이, 머나먼 아프리카의 낯선 땅에서 저희의 매일의 끼니와 사역을 통해 살아 움직이는 현실이 되는 것을 목격한 것입니다. 매일의 생계와 사역이 온전히 하나님의 손에 달려 있다는 것을 눈앞에서 본 셈입니다.

이웃과의 관계

우리 집 주소는 '7 Mopani Street'였습니다. 겉보기에는 수영장이 있는 넓은 집이었지만, 오래되어 쥐와 벌레가 들끓는 곳이었습니다. 그 집은 마치 저희의 삶과도 같았습니다. 겉으로는 '아프리카에 유학 온 선교사 아들'이라는 그럴듯한 모습이었지만, 속으로는 모든 것을 잃고 하루하루를 믿음으로 버텨내야 하는 치열한 영적 싸움의 현장이었습니다.

옆집에는 백인 가족이 살고 있었습니다. 아파르트헤이트의 상처가 여전히 남아있던 시절, 동양인인 우리 가족을 향한 그들의 첫 시선에 경계심이 없었다면 거짓말일 것입니다.

치안이 좋지 않아 위험하기 때문에 옆집이라도 왕래가 드물어서 항상 닫혀있는 문을 보면서 저는 '선교란 거창한 구호를 외치거나 특별한 프로그램을 진행하는 것이 아니라, 바로 내 옆의 이웃 문을 두드리고, 따뜻한 음식을 나누며 삶을 공유하는 것'이라는 사실을 배웠습니다.

마음에 새겨진 것

남아공에서의 첫 3년은 제 인생을 통틀어 가장 강렬한 외로움과 가장 깊은 배움이 공존했던 시간이었습니다. 그것은 마치 뜨거운 불로 쇠를 달구고 망치로 내려쳐 불순물을 제거하고 단단하게 만드는 연단의 과정과도 같았습니다.

400대 1의 유일한 동양인으로서 겪어야 했던 깊은 고독은, 처음에는 감당하기 힘든 형벌처럼 느껴졌지만, 시간이 흘러 제 영혼을 더욱 깊고 넓게 만드는 하나님의 손길이었음을 깨닫게 되었습니다. 세상의 모든 소리로부터 차단되었던 그 침묵의 시간 속에서, 저는 비로소 타인의 소리에 귀 기울이는 법을 배웠습니다. 아무도 제게 말을 걸어주지 않았던 그 외로움 속에서, 저는 소외된 자의 아픔을 온몸으로 이해하게 되었습니다. 그 깊은 고독은 제 안에 타인의 아품에 공감하는 마음, 긍휼의 마음을 새겨주었습니다.

1년간의 침묵 끝에 언어의 벽을 넘었을 때, 저는 비로소 소통의 기쁨과 관계의 소중함을 뼈저리게 깨달았습니다. 당연하게 여겼던 친구와의 대화, 스스럼없는 농담, 서로의 이야기를 들어주는 그 평범한 일상들이 제게는 기적과도 같은 선물이었습니다.

이 경험은 훗날 제가 기타를 들고 사람들 앞에 섰을 때, 단순히 음악을 연주하는 것을 넘어 그들의 마음과 영혼에 다가가 소통하려는 갈망의 뿌리가 되었습니다. 그리고 무엇보다, 어머니의 사역을 곁에서 보면서 제 신앙은 뿌리부터 변화되었습니다. 한국에서의 제 신앙이 온실 속에서 곱게 자란 화초와 같았다면, 남아공에서의 신앙은 광야의 거친 비바람을 맞으며 뿌리 내린 야생화와 같았습니다.

한국에서 관념적으로 알고 있던 '사랑'과 '섬김'이라는 단어는, 이곳에서 구체적인 삶이 되었습니다. 신앙은 더 이상 주일에 한 번 예배당 안에서 드리는 의식이 아니었습니다. 그것은 매일 아침 기름이 바닥난 낡은 자동차의 시동을 걸며 사역지로 향하는 어머니의 기도였고, 굶주린 아이의 손에 들려준 뜨거운 스튜 한 그릇이었으며, 언어와 인종의 벽을 넘어 백인 이웃과 나누는 따뜻한 미소였습니다. 저는 사랑이 머리로 이해하는 것이 아니라, 온몸으로 행동하고 보여주는 것임을 배웠습니다.

이 모든 경험들이 제 마음에 깊이 새겨져, 제 삶의 '세 번째 현'은 더 이상 외로움의 단조로운 소리가 아닌, 고난 속에서 피어나는 관계와 사랑, 그리고 살아계신 하나님을 증거하는 복잡하고도 아름다운 선율을 연주하기 시작했습니다.

† 나의 기도

주님, 모든 것이 낯설고 외로웠던 광야의 시간 속에서도 저를 떠나지 않으시고 함께 하셨음을 고백합니다. 침묵 속에 저를 가두사 세상의 소리가 아닌 하나님의 음성을 듣게 하셨고, 저의 무지함마저도 은혜의 통로로 사용하사 세상의 조롱으로부터 저를 지키셨습니다. 막혔던 제 입을 여시어 관계의 기쁨을 알게 하심에 감사합니다. 무엇보다, 가장 낮은 곳에서 사랑으로 섬기시는 어머니의 모습을 통해, 말이 아닌 삶으로 증거되는 살아있는 믿음을 보게 하시니 감사합니다. 온실 속 화초 같던 저의 믿음을 연단하여 광야의 야생화처럼 만들어주신 은혜를 찬양하며, 이제 제 삶이 하나님의 사랑을 행동으로 보여주는 작은 증거가 되게 하여 주시옵소서. 우리 주 예수 그리스도 이름으로 기도드립니다. 아멘.

EPISODE 3
삼세판 만에 이루어진 운명!

사람들은 제가 어려서부터 기타를 평생의 동반자로 삼고 살아온 줄 압니다. 그러나 사실은 전혀 다릅니다. 제게 기타는 오히려 어릭퇴치 않은 실치냄 같은 시절의 기억과 가까웠습니다. 모든 시작은 한국에서 중학교 1학년 때로 거슬러 올라갑니다. 당시 TV 속 가수들의 기타 연주가 멋있어 보여, 용돈을 모아 5만 원이라는 거금을 주고 동네 악기사에서 기타를 샀습니다. 그러나 기타를 벽에 기대어 놓고 밥을 먹고 온 사이에 넘어져 헤드가 부러졌습니다. 단 하루 만에 저의 첫 음악적 꿈은 허무하게 사라졌죠.

두 번째 기타는 누군가가 집에 버려두고 간 나일론 기타였습니다. 그 기타로 간단한 코드와 '로망스' 같은 곡을 연습했지만, 몇 달 만에 또다시 넘어져 헤드가 부러졌습니다. 기타와 저는 인연이 없는 것 같았습니다. 이후 호기심에 일렉 기타를 사기도 하고, 남아공에 가서는 간단한 코드를 익혀 찬양 반주를 시도하는 정도였습니다. 저는 스스로 기타 연주자가 될 거라는 생각조차 해본 적이 없었습니다. 정식으로 배운 적도 없고, 혼자 무대에 서는 것은 상상조차 불가능한 일이었죠.

하지만 수많은 인생의 굴곡과 어려움을 겪으며, 이제는 아무것도 할 수 없다고 느꼈을 때, 29살의 나이에 다시 기타를 잡게 되었습니다. 아이 아빠가 되어 바쁜 상황에 기타 연습할 시간도 없었지만, 신기하게도 그때부터 놀라운 재능이 나타나기 시작했습니다. 악보를 제대로 볼 줄도 모르는 제가 들리는 대로 기타 연주를 따라 칠 수 있게 된 것입니다. 기타 한 대로 밴드 소리를 방불케 하는 '핑거스타일'을 알게 되었고, 저는 기타 하나로 놀라운 연주를 시작했습니다. 이것은 하나님이 주신 선물인 듯했습니다. 저는 그저 들리는 대로, 생각하는 대로 기타 연주로 표현하는 법을 알게 되었습니다.

저는 한국에 대한 이야기, 가족에 대한 이야기, 그리고 제 꿈과 소망에 대한 이야기를 연주에 담았습니다. 이 연주를 통해 하나님의 복음을 전하는 것에 집중했습니다. 단순히 연주만 신경 쓰는 것이 아니라, 사람들에게 더 좋은 소리를 들려주기 위해 음향에 관한 공부도 시작했습니다. 처음엔 한두 명 앞에서 연주하던 것이 점점 커져 10명 앞에서, 그리고 집을 통째로 빌린 하우스 콘서트에는 50명이 모이기 시작했습니다. 나중에는 마을 단위의 공연 규모로 커지더니 100명, 200명, 급기야 1,000명 이상의 큰 관중이 모이는 곳에서까지 연주하게 되었습니다. 대사관, 문화원, 축제, 카페, 식당, 병원, 장애인 시설 등 천 번이 넘는 공연을 통해 저는 한국과 일본, 아프리카 각국에서 초청을 받는 프로 연주자가 되었습니다. 하나님의 역사하심은 참으로 놀랍습니다. 기타는 저에게 단순한 수단일 뿐입니다. 만약 팔이 잘려 기타를 치지 못하게 되더라도, 저는 기타 연주로 선교하는 것이 아니라 영혼을 긍휼히 여기는 마음에서 시작된 사랑으로 선교하는 것이기 때문입니다.

♪ SONG요한 연주곡 감상

두근두근 (Look on the Bright Side)

이 곡은 제 첫 앨범 발매 후, 기타리스트로서 본격적인 첫 발을 내딛던 순간의 벅찬 설렘과, 그 모든 여정을 가능하게 한 아내의 사랑을 생각할 때마다 느끼는 두근거림을 함께 담은 노래입니다. 제 삶의 새로운 시작과 그 길을 함께 하는 동반자를 향한 두 가지의 벅찬 마음을 표현했습니다.

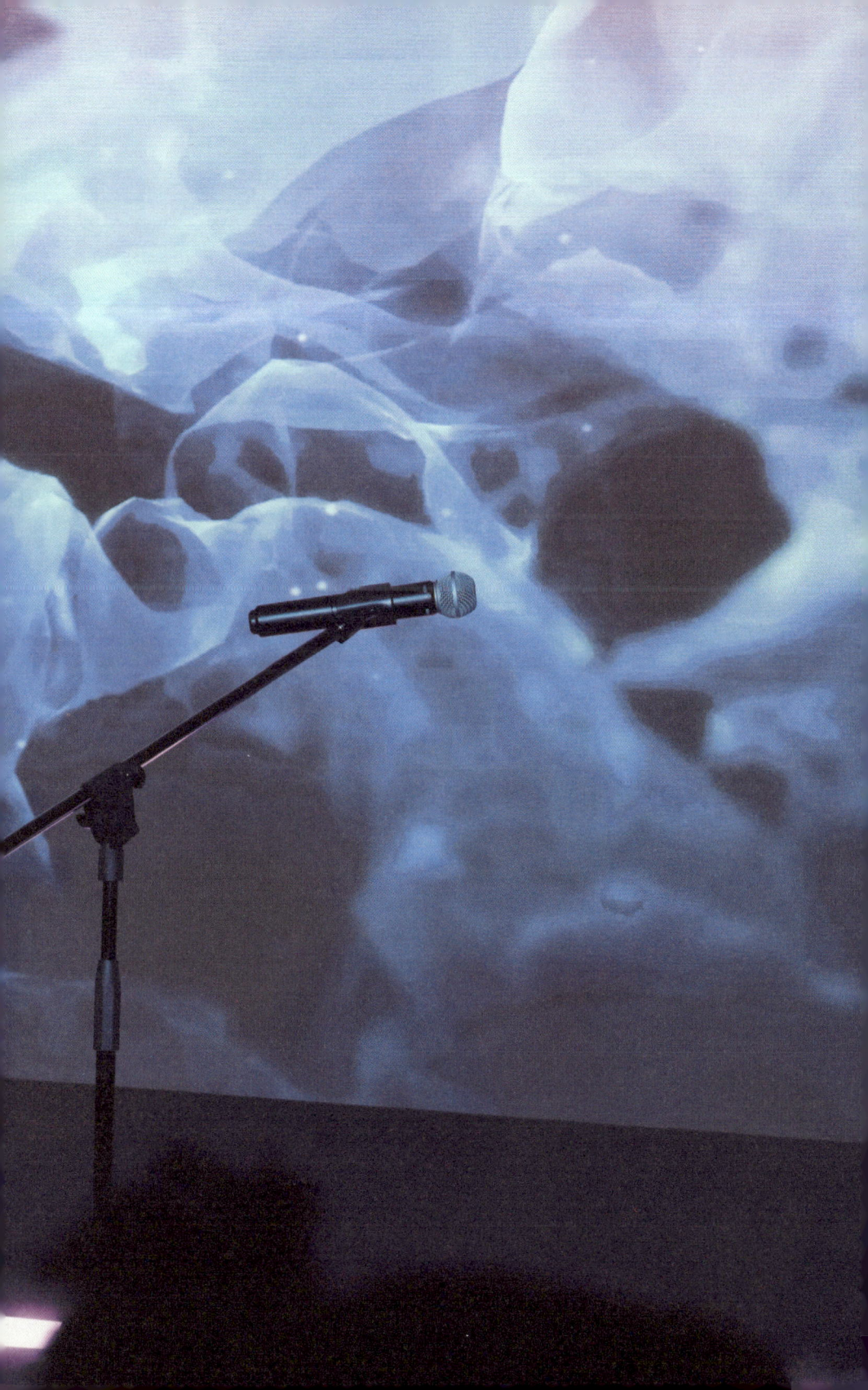

4

네 번째 현,
교만으로 끊어진
현(絃)의 노래

청년기의 도전 —
프리토리아 대학과 대기업 입사

"교만은 패망의 선봉이요 거만한 마음은
넘어짐의 앞잡이니라" (잠언 16:18)

    음악에서 네 번째 현은 종종 곡의 중심을 잡아주는 역할을 합니다. 1, 2, 3현이 만들어내는 멜로디와 화음의 밑바탕에서, 그 모든 소리를 더욱 깊고 풍성하게 만드는 안정적인 울림을 더해줍니다. 제 삶의 3현이 낯선 땅 남아프리카에서 고독과 분투 끝에 겨우 제 소리를 찾기 시작했을 때, 저 역시 제 삶에 안정적인 4현을 더하고자 했습니다.

    그러나 그 조율의 주체가 하나님이 아닌, 바로 '나 자신'이었습니다. 그것은 사랑이라는 이름으로 포장된 교만의 현이었고, 헌신이라는 명분을 내세운 인간적인 야망의 현이었습니다. 저는 제 능력과 계획이라는 조율기로 그 현을 팽팽하게, 더 팽팽하게 감아올렸습니다. 그래서 세상의 성공이라는 가장 높은 음을 향해, 제힘으로 모든 것을 이룰 수 있다는 오만한 자신감 속에서 그 현은 마침내 감당할 수 없는 장력에 '탕' 하는 파열음과 함께 끊어질 운명에 처해 있었습니다.

신학의 문 앞에 서다

그랜빌 하이스쿨을 졸업하고, 저는 한동안 진로를 놓고 깊이 고민했습니다. 루스텐버그에서 보낸 세월 동안, 어머니의 사역은 저를 변화시켰습니다. 빈민촌 아이들의 웃음과 쓰레기장에서 울려 퍼지던 찬양 소리가 마음속 깊이 새겨졌고, '하나님을 더 깊이 알고 싶다'는 열망이 자라났습니다.

결국 저는 남아공의 행정수도에 위치한 명문 프리토리아 대학교(University of Pretoria) 신학과에 지원했습니다. 합격 통보를 받았을 때, 가슴이 벅차올랐습니다. 캠퍼스는 붉은 벽돌 건물과 잘 정돈된 잔디밭, 그리고 느티나무 그늘에서 책을 읽는 학생들로 가득했습니다. 그 순간만큼은 '하나님께서 나를 부르신 길이 여기에 있다'고 굳게 믿었습니다. 입학하기는 쉬워도 졸업하기는 매우 어렵다는 것을 까맣게 잊은 채……

프리토리아로의 이주

저의 학업을 위해 어머니와 저는 루스텐버그를 떠나 남아공의 행정수도인 프리토리아로 이사를 했습니다. 프리토리아는 백금 광산의 거친 먼지와 황톳빛 평야가 익숙했던 루스텐버그와는 전혀 다른 세상이었습니다. 잘 닦인 도로와 유럽풍의 건축물, 그리고 매년 보랏빛으로 도시를 물들이는 자카란다 나무가 가득한 그곳은 질서와 학문의 도시였습니다.

그러나 그 세련된 도시의 풍경 속에서 제 마음에는 새로운 갈등의 씨앗이 자라나고 있었습니다. 어머니는 프리토리아로 이사한 후에도 루

스텐버그에서의 사역을 멈추지 않으셨습니다.

저는 어머니를 모시고 왕복 200km가 넘는 거리를 운전하며 한 달에 두 번 이상씩 사역지를 오갔습니다. 낡은 차 안에서 함께 성경 말씀 오디오 테이프를 듣던 그 시간은, 분명 믿음이 자라는 '이동식 예배'외도 같이 소중했습니다. 하지만 운전대를 잡은 제 눈에는, 프리토리아의 안정된 삶과 루스텐버그의 치절한 사역 현장 사이의 극명한 대비, 그리고 그 길 위에서 지쳐가는 어머니의 어깨가 점점 더 선명하게 들어오기 시작했습니다.

현실 앞에 선 신학생

신학 공부는 생각보다 훨씬 어려웠습니다. 모든 강의가 영어로 진행되었고, '은혜', '구속', '성화' 같은 단어들도 영어로 표현하려면 복잡한 신학적 정의를 알아야 했습니다. 생활비도 늘 부족했습니다. 교회의 월 후원금 60만 원이 저희의 유일한 수입이었기에, 등록금을 내고 나면 책 한 권 사는 것조차 부담스러웠습니다. 그래서 도서관에서 복사한 자료로 공부했고, 점심은 빵과 물로 때우는 날이 많았습니다.

그 현실 속에서 저는 평신도 선교사라는 이름 아래, 턱없이 부족한 후원금으로 사역과 생계를 동시에 책임져야 하는 어머니의 고단한 현실을 정면으로 마주했습니다. 그리고 동시에, 다른 정식 선교사님들이 상대적으로 유복하고 안정된 환경에서 사역하는 모습들도 보게 되었습니다. 비교의 마음이 싹트자, 제 안에서는 '왜 우리 어머니만 이렇게 힘들게 사역하셔야 하는가'라는 불만과 안타까움이 뒤섞인 복잡한 감정이 피어올랐습니다. 어머니께서 쓰레기장에서 보여주셨던 '믿음의 경제'는 존경스러웠지만, 아들로서 지켜보기에는 너무나 아프고 고통스러운 길이었습니다.

그리고 그 질문의 끝에서, 저는 위험한 결론에 도달했습니다. "내가, 내 힘으로 이 상황을 해결해야 한다. 내가 돈을 많이 벌어서, 어머니가 돈 걱정 없이 사역에만 전념하시게 해드려야 한다." 그것은 아들로서 가질 수 있는 지극히 당연하고 선한 마음처럼 보였습니다. 하지만 그 이면에는 하나님의 일을 인간의 재력으로 해결할 수 있다는 교만이, 그리고 하나님의 계획을 기다리기보다 내 계획을 앞세우려는 조급함이 짙게 깔려 있었습니다.

뜻밖의 기회, 대기업 남아공 입사

그릇된 확신에 사로잡힌 저는, 제 삶의 조율기를 하나님의 손에서 빼앗아 제 손에 쥐었습니다. 그것은 단순한 실수가 아닌, 하나님의 섭리를 향한 정면의 반역과도 같은 것이었습니다. 제게는 더 이상 어머니의 '믿음의 경제'를 신뢰할 인내심이 남아있지 않았습니다.

아들로서, 저는 더 빠르고, 더 확실하며, 더 강력한 해결책을 원했습니다. 그 해결책은 바로 '나의 능력'이었습니다. 첫 번째 시도는 성급하고 무모했습니다. 저는 어머니와 상의도 없이 덜컥 신학 대학에 휴학계를 냈습니다. 하나님의 종이 되겠다고 서원했던 그 결심을, 제 손으로 잠시 접어두었습니다.

그러고는 남아공에 있는 한국의 한 대기업 지사에 지원했습니다. 당

시 현지 지사에서는 비싼 비용을 들여 한국에서 주재원을 데려오는 대신, 현지 영주권과 운전면허를 가지고 영어를 할 수 있는 사람을 영업사원으로 채용하고 있었습니다. 마치 저를 위해 준비된 자리처럼, 제 조건이 딱 들어맞았습니다.

지원하자마자 입사가 결정되었고, 출근 첫날, 드디어 제힘으로 어머니를 도울 수 있게 되었다는 생각에 저는 가슴이 설렜습니다. 비록 현지 채용이어서 봉급은 한국에서 파견된 주재원보다 적었지만, 제게는 안정적인 수입과 경력을 쌓을 기회였습니다. 이제 제 월급으로 어머니의 지친 어깨를 조금이나마 가볍게 해드릴 수 있다는 생각, 사역에 필요한 재정을 제힘으로 보탤 수 있다는 생각에 잠시 안도했습니다. 그것은 하나님의 인도하심을 구하는 기도의 응답이 아니라, 제 계획의 완벽함에 대한 자신의 만족감이었습니다.

부상, 그리고 좌절

그러나 하나님의 계획은 다른 곳에 있었습니다. 제 교만의 현이 팽팽하게 감겨 올라가는 것을, 하나님께서는 더 이상 지켜보고만 계시지 않았습니다. 입사한 지 얼마 되지 않아, 예기치 못한 사고가 찾아왔습니다. 퇴근 후에 일어난 차 사고로 인해 철창 구조물이 발등 위로 떨어지는 큰 부상을 당했습니다. 순간 발끝까지 전해진 날카로운 통증에 숨이 막혔고, 병원 진단은 '뼈와 신경 손상'이었습니다. 발가락이 거의 잘릴 뻔한 끔찍한 사고라고 했습니다.

수술로 발가락 절단은 피했지만, 3개월 이상 거동이 불가능했습니다. 휠체어 생활을 하며 창밖을 보던 그 시절, 제 마음 한구석이 서서히 무너져 갔습니다.

제힘으로 모든 것을 해결하려던 계획은, 제힘으로는 한 발짝도 움직일 수 없는 현실 앞에서 산산조각 났습니다. 결국 회사는 저와의 계약을 종료했고, 저는 갑작스러운 실직과 아직 회복 중인 아픈 발을 끌고 집으로 돌아왔습니다. 제 첫 번째 야심 친 계획은 그렇게 허무하게 좌절되었습니다.

부상 후 찾아온 사색

3개월 동안 침대에 누워 깁스한 제 발을 내려다보며, 저는 제 계획의 실패를 곱씹었습니다. 창밖으로는 프리토리아의 햇살이 쏟아졌지만, 제 방 안의 공기는 차갑고 무거웠습니다. 움직일 수 없는 육신은, 제 마음속 분노와 좌절을 더 들끓게 만드는 용광로와도 같았습니다. 하얀 깁스는 제 부서진 발등뿐만 아니라, 산산조각 난 저의 첫 번째 야망을 상징하는 듯했습니다.

이 실패 앞에서 주님께 무릎 꿇고 "주님, 제 길이 어디에 있습니까?"라고 지혜를 구해야 했지만, 저의 교만은 상처 입은 짐승처럼 더욱 사나워졌습니다. 제 마음속에서는 억울함이 솟구쳤습니다. "왜입니까? 저는 단지 어머니를 돕고 싶었을 뿐인데, 왜 제 앞길을 막으십니까?" 원망 섞인 기도는 응답 없는 메아리가 되어 텅 빈 방을 맴돌았습니다. 하나님의 침묵은 제게 더 깊은 순종을 요구하는 초대가 아니라, 저 혼자 이 모든 것을 해결해야 한다는 냉혹한 현실의 증거처럼 느껴졌습니다.

결국 제 머릿속에는 실패로부터 얻은 교훈이 아닌, 더 크고 그럴듯한 두 번째 계획이 떠올랐습니다. 저는 스스로에게 되뇌었습니다. '첫 번째 계획이 실패한 것은, 내 노력이 부족해서가 아니라 계획의 규모가 너무 작았기 때문이다. 더 대담하고, 더 완벽한 계획이 필요하다.' 아버지를 일찍 떠나보낸 기억, 모든 것을 잃고 남아공까지 와야 했던 여정, 가난 속에서도 헌신하시는 어머니의 고단한 사역, 그리고 이 모든 것을 책임져야 할 나의 미래가 한꺼번에 떠오르며 돈에 대한 절박함은 더 커졌습니다.

이 모든 어려움을 해결할 유일한 길은, 하나님의 기적이 아니라 나의 경제적인 성공뿐이라고, 저는 더욱 굳게 믿게 되었습니다.

† **나의 기도**

주님, 어머니의 고단한 어깨를 덜어드리고 싶었던 제 중심을 주님은 아십니다. 그러나 그 순수했던 마음이 어느새 제 교만의 명분이 되어, 하나님의 일하심을 신뢰하며 기다리기보다 제힘으로 모든 것을 해결하려는 조급한 오만함으로 변질되었음을 고백합니다. 하나님의 방법을 더디고 불확실하다고 여기며, 더 빠르고 확실해 보이는 세상의 길을 택했던 저의 어리석음을 용서하여 주시옵소서. 주님께서 부상이라는 뼈아픈 가르침으로 저의 그릇된 질주를 친히 멈추게 하셨을 때, 저는 엎드려 주님의 뜻을 구하는 대신, 왜 내 길을 막으시냐며 주님을 향해 원망의 소리를 높였습니다. 그 완악하고 어리석었던 저를 끝까지 포기하지 않으시고, 더 깊은 깨달음의 자리로 인도하신 그 놀라운 은혜에 감사드립니다.

이제는 제 모든 계획과 생각보다 하나님 아버지의 계획이 언제나 가장 선하고 완전하심을 온전히 믿는 겸손의 믿음을 주옵소서. 제 지혜가 아닌 하나님의 지혜를 구하며, 제 힘이 아닌 하나님의 능력을 의지하는 삶이 되게 하여 주시옵소서. 우리 주 예수 그리스도 이름으로 기도드립니다. 아멘.

네 번째 현, 교만으로 끊어진 현(絃)의 노래

EPISODE 4
학교를 앞뒤로 뒤흔든 한국인

네가 처음 이프리가 땅을 밟았을 때, 나는 영어를 한마디도 하지 못하는 평범한 중학교 졸업생이었습니다. 남아공의 시골 마을, 루스텐버그에 있는 그렌빌 하이스쿨에 입학했을 때, 나는 전교생 400여 명 중 유일한 동양인이었죠. 영어를 전혀 못 하는 희한한 동양인이 나타나자, 나는 아이들의 놀림감이 되기 딱 좋았습니다. 다행히 폭력이나 신체적인 괴롭힘은 거의 없었지만, 멀리서 조롱하고 내 물건을 숨기는 일은 일상이었습니다. 심지어 선생님들조차 수업 중에 "남아공에 왜 왔냐?"고 물으며 반 전체가 나를 놀리기도 했습니다.

하지만 놀랍게도 저는 전혀 기분이 나쁘지 않았습니다. 그들이 하는 말을 알아듣지 못했기 때문이죠. 말이 안 통하니 오히려 제가 답답한 만큼 그들은 두 배로 더 답답했을 것입니다. 시험 점수가 빵점이 나와도, 선생님이 화를 내셔도 저는 한국말로 되받아치기만 했습니다. 그렇게 엉망진창인 고등학교 생활 속에서 저는 거의 무적 상태였습니다. 그들은 저를 괴롭힌다고 생각했지만, 정작 저는 괴롭힘을 당한다는 것조차 인지하지 못했으니 말입니다.

그렇게 1년이 지난 어느 날, 놀라운 일이 벌어졌습니다. 1년 동안 영어로 한마디도 못 하던 제가 갑자기 유창하게 영어를 하기 시작한 것입니다. 마치 방언이 터지듯이 말이 쏟아져 나왔고, 모두가 그 모습을 보며 기가 막혔다고 합니다. "이렇게 말이 많은 사람인 줄 꿈에도 몰랐다"는 친구들의 말에 저는 1년 동안 못 했던 이야기를 한 번에 쏟아내기 시작했습니다. 말이 통하자, 친구들이 생기기 시작했고, 그들은 저에게 미안하다고 사과했습니다. 저는 알아듣지도 못해서 기분 나쁜 적도 없었는데, 미안할 게 뭐냐며 호쾌하게 용서해 주었죠.

졸업할 때쯤에는 영어 성적도 꽤 잘 나왔고, 졸업장을 받을 때 전교생의 기립 박수를 받으며 행복한 학창 시절을 보냈음을 느낄 수 있었습니다. 저는 고난을 겪었지만, 그것을 고난으로 인지하지 못했습니다. 모두가 나를 무시하고 괴롭혔지만, 결국 그들은 저에게 미안하다고 했고, 제가 그들을 용서할 때 모두가 친구가 될 수 있었습니다. 이 경험을 통해 저는 한 가지 결심을 했습니다. 이 나라가 나에게 큰 은혜를 입혔으니, 남아공 사람들에게 복음을 전하는 선교사로서 사명을 다하겠다고 말입니다. 어쩌면 하나님께서 저에게 남아공 선교사로서의 사명을 주신 것이 그때부터 시작된 것이 아닐지 생각합니다.

♬ SONG요한 연주곡 감상

한걸음 두걸음 (One Step Two Step)
그리고, 저는 알 수 없는 내일을 향해 한 걸음 두 걸음 쉬지 않고 걸어가지요.

5

다섯 번째 현,
세상의 노래에
잠기다

낯선 섬나라 —
일본 유학과 문화 충격

"사람이 만일 온 천하를 얻고도 제 목숨을 잃으면
무엇이 유익하리요." (마가복음 8:36)

제 삶의 교향곡에 다섯 번째 현이 더해졌을 때, 그 소리는 이전과는 전혀 다른 질감을 가졌습니다. 1현의 순수함도, 2현의 비통함도, 3현의 거친 생명력도 아니었습니다. 그것은 잘 다듬어지고 세련된, 그러나 차가운 금속성을 지닌 세상의 노래였습니다. 성공, 능력, 성취라는 이름의 달콤하고도 중독적인 멜로디였습니다. 이전의 모든 소리가 주님의 손안에서 어우러지는 자연스러운 화음이었다면, 이 다섯 번째 현은 철저히 인간의 이성과 계획으로 조율된 인공적인 소리에 가까웠습니다.

어머니를 돕겠다는 선한 동기는, 어느새 '내 힘으로 모든 것을 이룰 수 있다'는 교만한 변주곡으로 바뀌어 갔습니다. 사랑이라는 아름다운 주제 선율은 여전히 남아있는 듯 보였지만, 그 연주 방식은 완전히 달라져 있었습니다. 더 이상 하나님의 도우심을 구하지 않았고, 제 연주의 중심에는 하나님이 아닌 '나' 자신이 서 있었습니다. 어머니의 고난을 끝내는 영웅이 되고픈 욕망이, 순수했던 아들의 마음을 잠식하기 시작한 것입니다.

저는 그 화려한 선율에 취해, 제 삶의 연주가 하나님의 지휘를 벗어나고 있다는 사실조차 잊은 채, 기꺼이 세상의 노래 속으로 잠겨 들어갔습니다. 주님께서 가르쳐주신 믿음의 악보는 너무나 더디고 불확실해 보였습니다. 대신 세상이 들려주는 성공의 악보는 명쾌하고 합리적이었습니다. 노력하면 얻을 수 있고, 성취하면 인정받는다는 그 논리는, 실패와 가난에 지쳐있던 제 영혼에 거부할 수 없는 유혹이었습니다.

이 다섯 번째 현은, 하나님의 은혜가 아니었다면 제 영혼을 침몰시켰을지도 모르는 위태로운 항해의 기록입니다.

새로운 출발, 나리타 공항의 공기

2007년, 저는 일본 나리타 공항에 발을 디뎠습니다. 제 삶의 조율기를 제 손에 단단히 쥐고, 스스로 설계한 악보를 연주하기 위한 첫걸음이었습니다. 남아공 삼성에서의 실패와 부상은 제게 겸손이 아닌, 더 완벽한 계획에 대한 갈망을 심어주었습니다. 그 갈망의 끝에서 저는 일본을 선택했습니다.

그 순간, 공항 특유의 차갑고 정제된 공기와 일본의 깔끔하고 정돈된 분위기가 온몸을 감쌌습니다. 그것은 제가 떠나온 남아공의 뜨겁고 자유로운, 때로는 거칠고 예측 불가능했던 공기와는 전혀 다른 질감이었습니다. 남아공의 하늘이 거대하고 자유로운 즉흥연주 같았다면, 일본의 공기는 한 치의 오차도 없이 잘 짜인 정밀한 악보와 같았습니다.

유리창 너머로 보이는 활주로는 먼지 하나 없이 말끔했고, 안내 표지판의 일본어와 영어가 완벽한 간격으로 깔끔하게 병기되어 있었습니다. 낮고 차분한 톤으로 흘러나오는 안내 방송은 그 질서정연함의 배경음악이 되어주었습니다. 제 마음은 설렘과 함께, 다시는 실패하지 않으리라는 굳은 긴장감으로 뒤섞여 있었습니다.

제 머릿속에는 오직 하나의 목표만이 선명하게 울리고 있었습니다.

'여기서 일본어를 완벽하게 배우고, 좋은 기업에 들어가 주재원이 될 것이다.'

이것이 제 첫 목표이자, 제힘으로 제 삶을 증명해 보이겠다는 서약과도 같았습니다. 남아공에서 겪었던 뼈아픈 좌절은, 이제 제게 다시 일어서겠다는 결심의 단단한 발판이 되어주었습니다.

어학원, 그리고 옆자리의 그녀

도착하자마자 저는 지체할 시간 없이 어학원에 등록했습니다. 첫날 교실 문을 열었을 때, 다양한 국적의 학생들이 눈에 들어왔습니다. 중국, 대국, 베트남, 미국, 유럽에서 온 청년들은 저마다의 꿈과 호기심을 안고 그 자리에 앉아 있었습니다. 그리고 창가에서 두 번째, 제게 배정된 자리 옆에는 단정한 차림의 한 여성이 조용히 앉아 있었습니다. 그녀가 바로 지금의 제 아내입니다.

수업이 시작되자, 교실의 분위기는 금세 파악할 수 있었습니다. 대다수의 학생들은 공부 그 자체보다는 일본에서의 생활과 문화를 즐기려는 분위기였습니다. 그들에게 어학원은 일본이라는 새로운 세계를 즐기기 위한 하나의 관문처럼 보였습니다. 하지만 저와 제 옆자리의 그녀만은 달랐습니다. 우리는 한 단어라도 더 배우려 애썼고, 수업이 끝나도 자리에 남아 서로의 서툰 문법과 발음을 확인해 주곤 했습니다. 그녀의 진지한 눈빛과 성실한 태도는, 오직 성공만을 바라보며 달려가던 제게 일종의 동질감과 편안함을 느끼게 했습니다. 그녀는 저의 성실함을 좋게 보았고, 저는 그녀의 쾌활하고 밝은 성품에 끌렸습니다.

우리의 만남 뒤에는 더욱 놀라운 하나님의 이끄심이 숨어 있었습니다. 당시 아내는 필리핀 여행을 다녀온 후, 중간 환승 지점으로 일본에 잠시 들렀다고 합니다. 공항에서 우연히 '3개월 비자를 그냥 준다'는 말을 듣고, 즉흥적으로 3개월 어학연수를 결정했고, 바로 등록한 어학원에서 배정받은 자리가 바로 제 옆자리였던 것입니다. 그렇게 3개월이라는 짧은 시간이 흐른 뒤, 그녀는 한국으로 돌아갔고, 우리는 1년에 한두 번 볼까 말까 한 힘겨운 장거리 연애를 시작했습니다. 당시에는 그저 신

기한 만남이라고만 생각했지만, 제가 하나님을 등지고 가장 멀리 떠났던 그 죄악의 장소에서, 하나님께서는 장차 저를 구원하고 일으켜 세울 은혜의 손길을 미리 예비해 두셨던 것입니다.

일본어와 경제학

저는 1년간 어학원에서 일본어를 집중적으로 배우고, 이후 3년제 경제 전문 대학인 도쿄 국제 비즈니스 전문학교에 진학했습니다. 제 삶은 그때부터 한 치의 낭비도 허용하지 않는 정밀한 기계처럼 돌아가기 시작했습니다. 하나님의 뜻을 묻는 기도 시간은 사라졌고, 그 자리를 성공으로 가는 가장 효율적인 계획표가 대체했습니다. 수업과 아르바이트를 병행하는 생활은 상상 이상으로 혹독했습니다. 아침부터 밤까지 공부와 아르바이트라는 쳇바퀴를 미친 듯이 돌렸습니다.

특히 편의점 야간 아르바이트는 제 젊음과 건강을 갉아먹는 동시에, 제 교만을 살찌우는 주된 무대였습니다. 밤 10시부터 다음 날 아침까지, 도시가 잠드는 시간 동안 저는 형광등 불빛 아래 홀로 깨어 있어야 했습니다. "이랏샤이마세(어서 오십시오)"를 기계적으로 반복하며 손님을 맞고, 수백 가지가 넘는 상품의 재고를 확인하고 채워 넣었으며, 새벽에는 유통기한이 지난 도시락과 삼각김밥을 폐기하며 허기를 삼켰습니다. 10시간 이상 굳건히 서 있는 동안 다리는 퉁퉁 부었고, 손님 없는 새벽 시간에는 카운터 뒤에 웅크리고 앉아 경제학 원론이나 한자 노트를 펼쳐 들고 졸음과 사투를 벌였습니다. 그렇게 3개월 만에 천만 원 가까운 돈을 모아 학비를 냈을 때, 저는 극심한 피로감과 함께 위험한

성취감을 느꼈습니다. '보라, 내 힘으로 해내지 않았는가.'

그 혹독한 시간 속에서, 일본어 실력은 놀라운 속도로 향상되었습니다. 그리고 마침내 일본 유학 시험(EJU)에서 학교 내 2등이라는 성적을 거두었을 때, 저는 제 손에 들린 성적표를 보며 확신했습니다. '내 능력으로 얼마든지 돈을 많이 벌 수 있겠다. 내 계획은 완벽하다.' 남아공에서의 실패는 그저 준비가 부족했기 때문일 뿐, 제대로 된 계획과 노력이 있다면 내 힘으로 얼마든지 성공할 수 있다는 교만이 제 마음을 완전히 사로잡았습니다.

제 능력에 대한 확신이 제 삶의 새로운 기준이 되어가던 무렵, 저는 제 영혼이 서서히 질식하고 있다는 사실을 깨닫지 못했습니다. 세상적인 성공이라는 푯대를 향해 전력으로 질주하는 동안, 제 주변의 공기는 눈에 보이지 않게 희박해지고 있었습니다.

일본의 종교 환경

일본은 경제적으로 부유하고 사회 시스템이 잘 정비된 나라였지만, 제 영혼에게는 더없이 건조하고 척박한 땅이었습니다. 기독교인의 비율은 1%도 되지 않았습니다. 대부분의 사람들은 신토와 불교 전통을 하나의 문화로 받아들일 뿐, 절대자를 향한 깊은 신앙심은 찾아보기 어려웠습니다. 어머니의 기도가 온 집안을 채웠던 한국의 가정, 쓰레기장에서도 뜨겁게 찬양하던 남아공의 성도들과는 전혀 다른 풍경이었습니다. 예배당보다 화려한 신사와 고즈넉한 절이 훨씬 많았고, 거리에서 복음을 전하는 사람은 거의 보이지 않았습니다.

친구들과 어쩌다 한번 대화 중에 신앙 이야기를 꺼내면, 그들은 당황하거나 불편한 표정으로 화제를 돌리기 일쑤였습니다. 그들에게 신앙은 지극히 개인적이고 드러내서는 안 되는 취향과도 같은 것이었습니다. 그래서 신앙 이야기를 거의 하지 않았습니다. 그러면서도 마음속으로 복음을 전한다는 것이 이렇게 어려운 일인지, 그때 처음으로 깊이 깨달았습니다. 그리고 이 척박한 영적 환경은, 제 안에 이미 싹트고 있던 불신앙의 씨앗이 자라기에 더없이 좋은 토양이 되어주었습니다.

신앙에서 멀어지다

일본 생활의 중심은 점점 공부와 돈이 되었습니다. 제 하루는 더 이상 기도로 시작하여 말씀으로 잠드는 순환이 아니었습니다. 아르바이트 시간표와 시험 일정에 맞춰 분 단위로 쪼개진 효율성의 연속이었습니다. '빨리 취업해서 어머니 사역을 돕겠다'는 목표는, 어느새 하나님을 제 삶의 변두리로 밀어내는 가장 완벽한 명분이 되었습니다.

저는 스스로를 합리화하기 시작했습니다. '지금 내가 아르바이트를 하는 것은, 결국 하나님의 일을 돕기 위함이 아닌가?' 이 교묘한 자기기만 속에서, 저는 주일 예배 대신 편의점 카운터를 지켰고, 성경 묵상 대신 경제학 원론을 펼쳤습니다. 주일 아침, 희미하게 들려오는 어딘가의 교회 종소리를 외면하며 돈을 버는 것이 더 현실적인 섬김이라고 스스로를 속였습니다.

겉으로는 누구보다 성실하고 목표가 뚜렷한 모범생이었지만, 제 속은 하나님 없는 빈 껍데기가 되어가고 있었습니다. 성공에 가까워질수록 마음은 더 공허해졌고, 사람들의 칭찬 속에서도 영혼의 갈증은 채워지지 않았습니다. 돌이켜보면, 저는 내 의지와 계획만으로 인생이라는 거대한 탑을 쌓아 올리려 하고 있었습니다. 하나님을 향한 선한 의도조차, 하나님 없이 진행된다면 결국 자기 영광을 구하는 방향으로 이어진다는 것을, 저는 그때 알지 못했습니다.

결혼을 향한 약속

　일본과 한국 사이의 먼 거리만큼이나, 우리의 연애는 쉽지 않았습니다. 당시 저는 아르바이트와 공부에 치여 하루하루를 버텨내는 유학생이었고, 그녀는 이미 한국에서 안정된 생활을 하고 있었습니다. 그런데도, 화면 너머로 주고받는 목소리와 일 년에 한두 번 겨우 마주하는 짧은 만남 속에서 그녀와의 관계는 점점 깊어졌습니다.

　저는 그 당시 아내에게 선교사의 삶을 살 것이라는 것을 말하지 못했습니다. 오히려 열심히 돈을 벌어 남부럽지 않게 살게 해주겠다는 호기를 보여 주었습니다. 그녀의 헌신적인 사랑을 받을수록, '내 힘으로 반드시 성공해서 이 사람을 행복하게 해주어야 한다'는 책임감이 제 교만을 더 부채질했기 때문입니다. 그녀는 제가 하나님을 열심히 믿는 것에 거부반응은 없었지만, 남아프리카 공화국에 가서 같이 살 것이라는 것은 꿈에도 생각하지 못했습니다. 이런 그녀가 지금은 척박한 아프리카 공화국에서 저의 아내가 되어 함께 살고 있습니다.

결심과 방황 사이

일본에서의 제 삶은 겉으로 보기에는 완벽한 성공 가도를 달리고 있었습니다. 일본어는 원어민 수준으로 늘었고, 학업 성적은 늘 최상위권을 유지했습니다. 제 손에는 노력으로 얻어낸 결과물들이 차곡차곡 쌓여가고 있었습니다. 이처럼 저의 '결심'은 흔들림 없이 목표를 향해 나아가고 있었습니다. 그러나 그 단단한 결심의 이면에서, 제 영혼은 방향을 잃은 채 '방황'하고 있었습니다. 마음속 깊은 곳에서는 끊임없이 질문이 떠올랐습니다. '이 길이 정말 맞는 길인가? 나는 정말 이 길의 끝에서 행복할 수 있을까? 신학으로 돌아가야 하는 것은 아닐까?'

하지만 저는 그 질문들에 애써 귀를 막았습니다. 그 답을 찾기 위해 하나님께 기도하며 묻지 않았습니다. 만약 하나님께서 "그 길이 아니다"라고 말씀하시면, 제가 공들여 쌓아온 이 모든 탑을 무너뜨려야 할지도 모른다는 두려움 때문이었습니다. 저는 여전히 '내 계획'을 신뢰했고, 그것을 성공시키는 것이 제게 주어진 유일한 사명이라 믿었습니다. 저의 굳은 결심은, 실은 하나님의 음성을 듣지 않기 위한 방황의 또 다른 이름이었습니다.

† 나의 기도

주님, 주님을 떠나 제힘으로 세상의 노래를 부르려 했던 어리석은 시간을 회개합니다. 성공이라는 우상을 세우고, 어머니를 위한다는 선한 명분 뒤에 숨어 제 영광을 구했던 교만을 용서하여 주시옵소서. 가장 멀리 방황하던 그 순간에도, 저를 위해 제 삶의 가장 귀한 동역자를 예비해두

신 하나님의 신실하신 사랑에 감사드립니다. 제가 알지 못하는 방법으로 저를 붙들고 계셨던 그 은혜가 아니었다면, 저는 이미 침몰하고 말았을 것입니다. 제 모든 계획이 무너지는 순간에야 비로소 하나님의 완전하신 계획이 시작됨을 믿습니다. 이제는 세상의 화려하고 큰 소리가 아닌, 고요한 중에 말씀하시는 하나님의 세미한 음성에만 귀 기울이는 삶이 되게 하여 주시옵소서. 우리 주 예수 그리스도 이름으로 기도드립니다. 아멘.

EPISODE 5
난 '이상한 천재'

나는 남아공에 처음 도착했을 때, 영어를 한마디도 하지 못했습니다. 솔직히 너무 무서웠죠. 그런데 학교에 도착하니, 선생님처럼 보이는 분이 고등학생이 선택할 수 있는 6가지 전공과목을 고르라고 했습니다. 고등학생이 자신이 듣고 싶은 과목만 고를 수 있다는 것이 신기했습니다. 한국에서 온 나는 당연히 필수 과목이라 생각되는 수학, 과학, 생물, 지리, 경제, 그리고 강제로 택해야 하는 영어까지 6가지 과목을 선택했습니다.

이게 얼마나 말도 안 되는 선택이었는지는 나중에야 알게 되었습니다. 남아공 학생들은 공부할 게 너무 많은 수학이나 과학은 둘 중 하나만 선택하거나, 아니면 비교적 수월한 목공이나 타이핑 같은 기술 과목을 택하는 것이 일반적이었습니다. 그런데 나는 아무것도 모른 채 가장 어려운 과목들만 골라 버린 것입니다. 지리는 외울 게 많고, 과학은 물리와 화학, 수학은 대수학, 삼각함수, 도형으로 나뉘는 복잡한 과목이었죠. 심지어 경제는 가장 외울 것이 많은 과목이었고, 영어는 문학, 영화 분석, 문법 등 아는 것이 하나도 없었습니다. 정말 아무것도 모르는 상태에서 모든 사람의 기대를 한 몸에 받고 마치 천재처럼 가장 어려운 과목들을 거침없이 선택해 버렸습니다.

하지만 나는 영어를 못했기 때문에 친구들 앞에서 한마디도 하지 못했습니다. 알아듣지도 못하고 하고 싶은 말도 하지 못했죠. 쪽지 시험을 볼 때마다 나는 백지를 내는 기이한 행동을 했습니다. 학교 친구들과 선생님들은 "도대체 저 녀석은 뭘까?"라며 수군거렸습니다. 어느 날 선생님이 "Why didn't you do your homework?"라고 물었을 때, 내가 할 수 있는 말은 "My name is Yohan Song" 뿐이었습니다. 그렇게 이상한 사람이 본 첫 중간고사 결과는 그렌빌 하이스쿨 역사상 전무후무한 기록이었습니다. 영어 시험은 빵점이었고, 평균 점수는 모두 합쳐서 10점대를 기록했으니 말입니다. 나의 첫인상은 아마 최악이었을 겁니다. 말도 없고, 공부는 못하면서 가장 어려운 과목만 고르는 나를 학교 친구들과 선생님들은 이상한 사람이라고 여겼을 것입니다.

그러나 그러한 내가 1년이 지나고, 졸업하고 남아공에서 오래 살며 결혼도 하고 아이들을 키우며 선교사로 살아갈 것을 그 당시 그 사람들은 과연 상상이나 할 수 있었을까요? 사람들은 절대로 알 수 없지만, 하나님은 그때부터 나에게 아프리카 선교사로서의 소명을 주시고 계획하셨음을 나는 지금 확실하게 압니다. 하나님의 계획은 언제나 빈틈없이 완벽하니까요.

♫ SONG 요한 연주곡 감상

주황색 사막 (The Coral Desert)

상징하는 보석은 코럴(산호)입니다. 이 곡부터 이미 핑거스타일이라는 느낌보다 EDM스러운 느낌이 팍팍 나오긴 합니다만 제가 이전부터 꼭 시도해 보고 싶은 스타일의 곡입니다. 푸른 산 밑에 펼쳐진 광활한 주황빛의 사막을 표현한 곡으로서 아라비안나이트를 연상시키는 테마를 가지고 있습니다.

6

여섯 번째 현,
끊어지고 이어진
은혜의 노래

하나님의 개입 —
시력 상실과 회복

"내게 이르시기를 내 은혜가 네게 족하도다
이는 내 능력이 약한데서 온전하여짐이라 하신지라
이러므로 도리어 크게 기뻐함으로
나의 여러 약한 것들에 대하여 자랑하리니
이는 그리스도의 능력으로 내게 머물게 하려함이라"
(고린도후서 12:9)

    제 삶의 다섯 번째 현이 세상의 노래에 취해 하나님의 지휘를 벗어나 질주하고 있을 때, 하나님께서는 침묵으로 지켜보시지 않았습니다. 제 능력에 대한 확신과 성공에 대한 열망은 통제 불능의 크레셴도가 되어, 제 삶의 모든 소리를 집어삼키고 있었습니다. 그 위태로운 연주를 멈추기 위해, 하나님께서는 새로운 화음을 더하는 방식이 아닌, 제 삶의 현 하나를 스스로 끊어버리시는 방법을 택하셨습니다. 그것은 작은 경고나 부드러운 교정이 아니었습니다. 하나님의 개입은 단호하고 아팠으며, 제 존재의 근간을 뒤흔드는 것이었습니다.
    끊어진 현은 다름 아닌 제 교만의 현, 일본 유학 시험에서 거둔 좋은 성적과 체험으로 학비를 벌었던 성취감으로 팽팽하게 감아올렸던 바로 그 현이었습니다. 끔찍한 파열음과 함께 찾아온 완전한 암흑. 그 빛 한 점 없는 단절의 시간 속에서, 세상의 모든 소음은 비로소 멈추었습니다.

제 계획과 자랑, 분주함이 모두 사라진 그 절대적인 고요 속에서, 저는 처음으로 하나님의 세미한 음성을 들을 준비를 하게 되었습니다. 이 여섯 번째 현은, 끊어짐의 고통 속에서 비로소 시작된, 하나님 은혜의 손길로 기적처럼 다시 이어진 찬양의 기록입니다.

갑작스러운 어둠

　일본에서의 생활이 4년 차에 접어들 무렵, 나는 인생의 속도를 한껏 높이고 있었습니다. 일본어 실력은 탄탄했고, 경제학 공부도 순조로웠습니다. 좋은 기업에 취업해 어머니 사역을 돕겠다는 계획이 눈앞에 있는 듯 보였습니다. 그런데 사건의 전조는 제 몸의 면역력이 급격히 떨어지면서 시작되었습니다. 일본에서 하루에 3시간 이상 자본 적 없는 몇 년간의 고된 생활 속에서 불규칙한 식사와 수면 부족이 계속되면서, 제 몸은 서서히 망가지고 있었습니다.

　급기야 온몸에 땀띠 같은 것이 번지기 시작했습니다. 피부는 건조해지고, 붉은 반점이 올라오며 극심한 가려움증을 동반했습니다. 저는 이를 고치기 위해 처방받은 피부약을 온몸에 바르며 하루하루를 버텼습니다. 문제는 그때부터였습니다. 약을 바른 손으로 무심코 눈을 비비는 일이 잦아졌고, 그럴 때마다 소량의 약 성분이 제 눈에 스며들었을 것입니다. 그 독한 약의 성분이 제 시신경을 서서히 죽이고 있다는 사실을 까맣게 모른 채, 저는 그저 눈이 조금 피곤하고 가렵다고만 생각했습니다.

　어느 날 아침, 눈을 떴을 때 시야 한쪽이 뿌옇게 흐려져 있었습니다. '잠시 그러다 말겠지' 하고 대수롭지 않게 넘겼지만, 며칠 후에는 중심 시야까지 먹먹해졌습니다. 그리고 마침내, 마치 텔레비전 스위치를 끄듯, 제 눈앞의 세상이 '탁' 하고 암전되었습니다. 모든 것이 하얗게 변해 버렸고, 아무것도 보이지 않았습니다. 제 교만의 크레셴도가 절정에 달한 순간, 하나님은 제 삶의 모든 소리를 꺼버리셨습니다. 팽팽하게 당겨졌던 제 교만의 현이, 끔찍한 파열음과 함께 끊어져 버린 것입니다.

공포와 고립

그 후 2주, 거의 보름에 가까운 시간 동안 저는 완전한 암흑 속에 갇혔습니다. 처음 며칠 동안은 '곧 나아지겠지'라는 헛된 희망으로 병원에 가지 않았습니다. 하지만 시력은 돌아오지 않았습니다. 하루하루 시야는 더 좁아졌고, 어둠이 점점 커졌습니다. 불안은 두려움으로, 두려움은 공포로 변했습니다. 결국 저는 너무나 큰 공포에 사로잡혀, 집 밖으로 나가지도, 누구에게 알리지도 못한 채 벌벌 떨기만 했습니다.

겨우 정신을 차리고 찾아간 동네 병원에서는 "손을 쓸 수 있는 상태가 아니다. 큰 병원으로 가보라"는 절망적인 이야기만 들었습니다. 그 순간, 제 안에 있던 마지막 희망의 끈이 끊어졌습니다. 저는 더 이상 큰 병원을 찾아갈 생각조차 하지 못했습니다. 방 안에 틀어박혀 지내며 식사도 거르고, 전화벨이 울려도 받지 않았습니다. 사람들의 목소리조차 듣기 싫었습니다. 하루 종일 커튼을 닫은 채, 숨소리만 들리는 정적 속에 갇혀 있었습니다. '내 인생이 여기서 끝나는 건가?'라는 생각이 목덜미를 짓눌렀습니다.

원망의 기도

그 시절, 저의 기도는 대부분 불평과 원망이었습니다. 일본의 차가운 방, 커튼으로 빛 한 점 들어오지 않는 완전한 어둠 속에서 저는 갇힌 짐승처럼 울부짖었습니다. 밖에서는 분주한 도쿄의 소음이 들려왔지만, 제 세계는 오직 저의 거친 숨소리와 심장 소리만이 존재하는 완전한 고립의 공간이었습니다. 보이지 않는 눈으로 허공을 더듬으며, 저는 하나

님을 향해 따지고 들었습니다. "하나님, 진짜 이러실 수 있습니까? 제가 뭘 그렇게 잘못했습니까?" 제 딴에는 누구보다 열심히 살았습니다. 잠을 줄여가며 공부하고 일했던 모든 순간이 억울하게 느껴졌습니다.

"어머니를 편히 모시겠다는 그 마음이 그렇게 잘못된 겁니까?"

이 질문은 제 절규의 핵심이었습니다. 제 선한 의도는 제 모든 행동을 정당화하는 방패가 되었습니다. 그 방패 뒤에 숨어, 저는 하나님의 처사가 부당하다고 소리쳤습니다. 선한 의도를 가졌는데, 왜 이렇게 가혹한 시련을 주시는지 이해할 수 없었습니다. 어린 시절부터 배워온 사랑의 하나님이라는 가르침은 거짓말처럼 느껴졌고, 제게 하나님은 마치 제 앞길을 의도적으로 가로막는 거대한 벽처럼 느껴졌습니다.

감사의 문이 열리다

그렇게 원망만 하던 어느 날, 기도의 톤이 바뀌었습니다. 울부짖음으로 목은 쉬었고, 분노로 마음은 재가 되었습니다. 모든 것을 쏟아내고 난 뒤 찾아온 것은 완전한 탈진과 무력감이었습니다. 바로 그 완전한 절망의 바닥에 닿았을 때, 제 안에서 아주 작은, 그러나 새로운 기도의 싹이 텄습니다. 나도 모르게 입에서 이런 말이 나왔습니다.

"하나님, 이제 저는 아무것도 할 수 없습니다. 제 능력으로는 한 발짝도 나아갈 수 없습니다. 그런데 하나님, 만약 이 눈먼 저라도, 이 쓸모없는 저라도 하나님께서 사용하실 수 있는 방법이 있으시다면, 제 남은 삶을 온전히 하나님께 드리겠습니다."

그것은 더 이상 무언가를 달라는 거래나, 상황을 돌려달라는 요구가 아니었습니다. 제 모든 계획과 자랑, 심지어 살아야 할 이유마저 내려놓은 완전한 항복의 기도였습니다. 그 기도를 드린 순간, 제 어깨를 짓누르던 거대한 바위가 사라지는 듯, 설명할 수 없는 평안이 마음 깊숙이 스며들었습니다. 두려움이 가라앉고, 이상하게도 '시력을 되찾지 못해도 괜찮다'는 마음이 들었습니다. 제 인생이 여전히 하나님의 손안에 있다는 확신, 그것이 제 모든 것을 다시 세우는 새로운 반석이 되어주었습니다.

기적 같은 회복

그 완전한 항복의 기도를 드린 바로 다음 날 아침이었습니다. 습관처럼 어둠 속에서 눈을 떴지만, 무언가 달랐습니다. 저를 짓누르던 완전한 암흑이 아니라, 희미하게나마 무언가 느껴졌습니다. 처음에는 착각이라 생각하며 몇 번이고 눈을 감았다 떴습니다. 그러자 제 눈에, 칠흑 같던 암흑을 뚫고 들어오는 한 줄기 빛이 보였습니다. 창문 커튼 틈으로 새어 나오는, 아주 희미하지만, 분명한 아침의 빛이었습니다. 그 빛을 보는 순간, 제 심장은 멎는 듯했습니다.

그것은 단순히 사물을 다시 보게 된 것을 넘어, 마치 죄로 인해 가려졌던 영혼의 눈이 뜨여 하나님의 임재를 처음 목격한 것과 같은 순간이었습니다. 저의 교만과 계획이 만들어낸 굳은살이 벗겨지고, 제 영혼의 가장 깊은 곳에 하나님의 은혜라는 빛이 스며드는 듯했습니다. 거짓말처럼, 정말 거짓말처럼, 제 눈이 다시 보이기 시작했습니다. 처음에는 흐릿한 실루엣이었지만, 하루하루 시야가 또렷해졌습니다. 방 안의 가구, 제 손의 주름, 그리고 마침내 거울 속 제 얼굴을 다시 보았을 때, 저

는 감격에 겨워 오열하고 말았습니다. 며칠 만에 시력은 거의 정상으로 돌아왔고, 의학적으로는 설명하기 어려운 이 기적 같은 회복은 훗날 안과에서 '완전 정상' 판정을 받으며 다시 한번 확인되었습니다. 저는 알았습니다. 이것은 우연이 아니라 하나님께서 주신 분명한 표적이었습니다. 하나님께서 제 삶에 다시 개입하신 감격의 순간이었습니다.

어머니의 방문

그제야 저는 떨리는 손으로 어머니께 전화를 드렸습니다. 회복 소식을 들은 어머니는 모든 것을 제쳐두고 즉시 일본으로 날아오셨습니다. 남아공에서 아들의 소식을 듣고 비행기에 오르기까지, 어머니의 마음이 어떠하셨을지 저는 감히 상상하기 어렵습니다. 아들이 눈이 멀었다는 절망적인 소식과, 다시 보게 되었다는 기적 같은 소식을 동시에 품에 안고 수만 리 길을 날아오셨을 것입니다.

어머니가 마주한 제 모습은 너무나 처참했습니다. 피부병 후유증으로 온몸이 불덩이처럼 뜨겁고 극심한 가려움증 때문에, 한겨울인데도 옷을 입지 못하고 거적때기 같은 이불 하나를 뒤집어쓴 채, 선풍기 바람을 쐬며 온몸을 긁고 있었습니다. 바닥에는 제 몸에서 떨어진 나무껍질 같은 피부 각질들이 수북이 쌓여 있었습니다. 그 끔찍한 몰골의 아들을 보시고 어머니가 하신 첫마디는, 그러나, 인간적인 책망이나 안타까움이 아니었습니다.

어머니는 제 육신의 고통 너머, 제 영혼을 붙드시는 하나님의 손길을 먼저 보셨습니다. 아들의 교만이 얼마나 높았기에, 하나님께서 이토록 처절한 방법으로 그를 깨뜨리셔야만 했는지, 그 모든 과정에 담긴 하나님의 아프고도 깊은 사랑을 꿰뚫어 보셨던 것입니다.

"아이고, 그래도 하나님이 너를 진짜 사랑하시나 보다."

회개의 시간

　어머니의 그 한마디에 제 마음이 무너졌습니다. 저를 꾸짖는 말이 아닌, 제 고통 속에서 하나님의 사랑을 발견하는 그 위대한 믿음 앞에서, 저는 제 벌거벗은 모습을 보았습니다. 성공이라는 바벨탑을 쌓아 올리던 교만한 죄인의 모습, 하나님을 등지고 제힘으로 살아가려 했던 어리석은 탕자의 모습이었습니다. 어머니를 돕겠다는 선한 명분 뒤에 숨어, 결국 제 자신의 의를 드러내고 싶어 했던 위선적인 마음이 남김없이 드러났습니다. 저는 비로소 온전히 인정했고, 뜨거운 눈물이 쏟아졌습니다. 그것은 제 죄를 위해 십자가에서 피 흘리신 예수님의 희생이 아니었다면 결코 받을 수 없었던, 조건 없는 용서와 사랑 앞에서 터져 나온 회개의 눈물이었습니다.

　어머니와 함께 일본에서의 생활을 정리했습니다. 그토록 자랑스러워했던 취업 계획, 학위, 미래의 청사진-그 모든 것을 제단 위에 올려놓듯 미련 없이 내려놓았습니다. 제 손으로 쌓아 올린 모든 것을 제 손으로 허무는 그 시간은, 그러나 슬프지 않았습니다. 오히려 자유와 해방감이 저를 감쌌습니다. 한국으로 돌아가는 비행기 안에서 저는 마음속으로 계속 고백했습니다.

"하나님, 이번엔 제 계획이 아니라 주님의 계획대로 살겠습니다."

그것은 단순한 결심이 아니라, 제 모든 것을 내어드리는 완전한 항복이자, 저를 위해 모든 것을 내어주신 하나님의 사랑에 대한 저의 작은 응답이었습니다.

하나님의 손길

그 후로도 저의 육신은 한동안 고통의 시간을 보내야 했습니다. 일본에서의 무리한 생활로 망가진 몸은 쉽게 회복되지 않았고, 피부와 면역력 문제로 1년 이상 치료를 받아야 했습니다. 하지만 제 마음은 이미 이전과는 완전히 다른 사람이 되어 있었습니다. 예전 같았으면 더디게 회복되는 몸을 보며 조급해하고 좌절했겠지만, 이제는 그 연약함 속에서 오히려 하나님의 강하심을 붙들었습니다. 내 능력으로는 아무것도 할 수 없고, 오직 하나님의 은혜로만 숨 쉬고 살아갈 수 있다는 사실을, 저는 머리가 아닌 온몸과 마음으로 배우고 있었습니다.

시력 상실과 회복의 사건은 제 신앙 여정에서 '하나님께 완전히 붙잡힌 순간'이었습니다. 제힘으로 하나님을 떠나 세상 가장 먼 곳으로 도망치려 했던 저를, 하나님께서는 가장 강력하고도 자비로운 손길로 붙잡아 돌이키셨습니다. 그 손길은 아팠지만, 그 무엇보다 따뜻했습니다.

† 나의 기도

주님, 저의 가장 큰 어둠 속에서 하나님의 가장 밝은 빛을 보여주시니 감사합니다. 제 교만의 현을 끊으시고, 주님의 은혜로 다시 이어주시니 감사합니다. 저의 약함 속에서 온전하게 일하시는 하나님의 능력을 찬양합니다. 이제 제 삶의 모든 연주가 저의 자랑이 아닌, 오직 하나님의 선하심을 증거하는 노래가 되게 하여 주시옵소서. 우리 주 예수 그리스도 이름으로 기도드립니다. 아멘.

EPISODE 6
내 머리에 겨눠진 총구! 내 마음을 겨누는 담대함!

나는 아프리카에 살면서 내 머리에 총구가 겨눠진 경험이 무려 다섯 번이나 있습니다. 이 극단적인 상황에서 내가 취할 수 있는 행동은 거의 없었죠. 사람이 얼마나 무력한 존재인지 실감할 수밖에 없었고, 정말 내 삶이 끝날 수도 있다는 공포가 전신으로 퍼져 나갔습니다.

첫 번째 경험은 학교에 다녀오는 길에 일어났습니다. 차를 몰고 집 앞 게이트를 열려는데, 옆에서 누군가 창문을 두드리길래 보니 총이었습니다. 차갑고 무거운 총구가 내 관자놀이에 닿았을 때, 정말로 자칫하면 죽을 수도 있다는 생각이 들었고, 온몸이 사시나무처럼 떨렸습니다. 하지만 놀랍게도 그들은 제 가방을 뒤지다가 별 볼 일 없다는 듯이 그냥 떠나버렸습니다. 알고 보니 학생이 타기에는 고가의 차를 보고 부잣집 도련님인 줄 알고 따라붙었던 것이었는데, 가방을 뒤져보니 지갑에 든 2만 원 정도의 돈도 가져가지 않을 만큼 별것 없었기 때문이었죠. 이 경험은 저에게 트라우마를 남길 수도 있었지만, 오히려 "하나님이 나를 지켜주셨구나"라는 확신을 심어주었습니다.

두 번째 경험은 사역지에서 매복을 당한 것이었습니다. 사역을 위해 현지인들과 미리 약속하고 방문하는 것이 안전을 확보하는 중요한 일인데, 딱 한 번의 부주의로 제가 가지고 있던 헌금과 기부금을 노출하게 된 모양이었습니다. 총을 들고 기다리던 그들에게 헌금과 장비를 모두 빼앗겼지만, 저는 죽음의 공포에 떨지 않고 당당하게 맞섰습니다. 한 대 얻어맞으면서도 "하나님의 종을 함부로 대하지 말라"고 소리쳤는데, 놀랍게도 그들은 저에게 더 이상의 위해를 가하지 못하고 떠났습니다. 후환을 남기지 않으려면 저를 죽이는 게 가장 좋은 방법이었겠지만, 그들은 저를 죽이지 못했습니다. 저는 하나님께서 그들에게 두려움을 주셨다고 확신했고, 저를 죽음에서 지키셨다는 것을 깨달았습니다.

이처럼 저는 총구가 겨눠진 상황 속에서도 오히려 더 담대한 마음을 얻었습니다. 하나님이 주시는 능력으로 그 어떤 어려움도 이겨낼 것임을 확신합니다. 정신과 상담을 받아도 모자랄 만큼 무서운 일이 계속해서 일어났지만, 저는 선교의 소명을 포기할 수 없었습니다. 내가 어떤 상황에서도 불평하지 않고 하나님을 믿고 의지하는 선교사로서 살아갈 힘을 주시니, 저는 그것이 무엇보다 감사할 뿐입니다.

♫ SONG요한 연주곡 감상

봄 (Spring)
한국의 봄은 아름답습니다. 여기저기에서 꽃이 피어나는 모습은 마치 온 세상이 새롭게 시작하는 느낌입니다. 그런 아름다운 한국의 봄이 참으로 좋습니다.

7

울림통:
함께 이루는
화음

귀환과 결혼 —
새로운 동역자와의 길

"두 사람이 한 사람보다 나음은
저희가 수고함으로
좋은 상을 얻을 것임이라" (전도서 4:9)

    기타라는 악기의 신비는, 그 텅 빈 공간에 있습니다. 여섯 개의 현이 저마다 다른 높이와 음색으로 진동할 때, 그 작고 미세한 떨림들을 기꺼이 품어 안아, 하나의 풍성하고 조화로운 소리로 증폭시켜 세상 밖으로 내보내는 곳, 바로 '울림통'입니다. 만약 기타의 몸통이 단단한 나무로 꽉 채워져 있다면, 현은 그저 날카롭고 의미 없는 소리를 내다 이내 사라져 버릴 것입니다. 비어 있기에 울릴 수 있고, 품어 안기에 노래가 될 수 있습니다.

    제 삶이 하나의 노래가 될 수 있다면, 그것은 제 안에 있는 이 '울림통' 때문일 것입니다. 일본에서의 처절한 실패와 회개 이후, 저의 삶은 모든 교만과 계획이 비워진 텅 빈 공간과도 같았습니다. 바로 그 가난하고 연약한 공간 속으로, 하나님께서는 '가정'이라는 이름의 새로운 울림통을 허락하셨습니다. 저의 서툰 진동을 기꺼이 품어주고, 저의 부족한 소리를 더 깊고 풍성한 화음으로 만들어주는 동역자. 아내와의 만남을 통해, 저의 독주는 비로소 함께 이루는 이중주가 되었습니다.

귀국. 그리고 회복의 시간

일본에서의 악몽 같은 시간이 끝나고, 저는 어머니의 손에 이끌려 한국으로 돌아왔습니다. 그러나 그것은 금의환향이 아닌, 패잔병의 초라한 귀환이었습니다. 제 능력으로 성공의 탑을 쌓아 어머니를 편히 모시겠다던 야심 찬 아들은, 모든 계획이 산산조각 난 채 빈손으로, 심지어는 망가질 대로 망가진 몸을 이끌고 돌아왔습니다. 스물일곱을 앞둔 나이, 한창 세상을 향해 나아가야 할 때였지만, 저는 모든 것을 잃어버린 기분이었습니다. 시력은 기적적으로 회복되었지만, 그 후유증은 제 온몸을 뒤덮은 끔찍한 피부병과 면역력 저하로 나타났습니다.

정상적인 생활이 불가능할 정도의 상태였기에, 저희는 한국에 계시던 작은누님 댁에 신세를 지며 약 1년간의 긴 회복의 시간을 가져야만 했습니다. 그 시간은 제 인생에서 가장 어둡고 수치스러운 기억 중 하나입니다. 한때는 누구보다 큰 자신감과 야망에 차 있던 청년이, 이제는 아무것도 할 수 없는 무력한 환자가 되어 가족에게 짐이 되어야 했습니다. 누님의 방 한편에 누워, 밤낮없이 계속되는 가려움과 열기로 고통받으며, 저는 제 교만이 불러온 참혹한 결과를 온몸으로 곱씹어야 했습니다. 가족들의 일상적인 대화 소리를 들으며, 저는 그 평범함에 속하지 못하는 이방인이 된 것 같아 깊은 미안함과 죄책감에 시달렸습니다.

그러나 바로 그 절망의 자리에서, 하나님과의 관계는 역설적으로 더욱 깊어졌습니다. 제게 남은 것이 아무것도 없었기에, 저는 비로소 하나님 한 분만을 붙들 수 있었습니다. 때때로 '내 인생이 여기서 멈추는 걸까?' 하는 불안이 스쳤지만, 그럴 때마다 억지로라도 기도로 바꾸었습니다. 일본의 그 어두운 방에서 저를 만나주셨던 하나님께서, 이곳에서도 나를 버리지 않으실 것이라는 희미하지만 절박한 믿음이었습니다. 육신은 가장 연약했지만, 제 영혼은 하나님과 가장 친밀한 시간을 보내고 있었습니다.

그녀와의 재회

　일본에서의 생활을 정리하고 한국으로 돌아온 후, 저는 스물일곱의 나이에 모든 것을 잃은 채 가족에게 의지하는 처지가 되었습니다. 그 당시 저는 몸과 마음이 모두 망가져 정상적인 생활조차 불가능한 상태였습니다. 그러나 저의 이 비참한 현실에도 불구하고, 일본 어학원에서 3개월간 함께 공부했던 그녀와의 인연은 끊어지지 않고 이어지고 있었습니다. 우리는 일본과 한국 사이의 멀고 먼 거리를 극복하며 힘겨운 장거리 연애를 계속해 왔고, 마침내 제가 한국으로 돌아오면서 우리는 더 자주 만날 수 있게 되었습니다.

　그녀는 서울 대치동에서 영어 강사로 일하며 경제적으로도 안정된 삶을 살고 있었습니다. 그녀는 자신의 삶을 성공적으로 개척하며 미래를 향해 나아가고 있었지만, 저는 그와는 정반대의 길에 서 있었습니다. 저는 일본에서의 실패 후유증으로 몸을 가누기조차 힘든 상태였고, 미래에 대한 어떤 청사진도 그릴 수 없는 무기력함에 빠져 있었습니다.

　그러나 그녀는 저의 이런 상황을 알고도 조금도 물러서지 않았습니다. 오히려 저의 가장 초라하고 보잘것없는 모습을 있는 그대로 받아주었습니다. 그녀는 제가 어떤 보상을 해줄 수도, 어떤 미래를 약속할 수도 없는 상황 속에서, 더 자주 제 곁으로 와 주었습니다. 그녀의 방문은 단순히 연인으로서의 만남이 아니었습니다. 그녀는 제가 온몸으로 고통받으며 누워 있던 누님 집의 방으로 찾아와, 지쳐 쓰러져 있는 저의 손을 잡아주고, 굳은 표정으로 앉아 말없이 저를 지켜보아 주었습니다. 그녀의 눈빛에는 동정이나 연민이 아닌, 오직 변함없는 사랑과 믿음이 담겨 있었습니다. 그 따뜻한 시선 앞에서 저는 그동안 쌓아 올렸던 모든 허세와 교만이 무너져 내리는 것을 느꼈습니다.

그녀는 제가 이전에 자랑처럼 늘어놓던 '어머니를 돕기 위해 돈을 벌어야 한다'는 계획과 야망이 모두 실패로 돌아갔음에도, 저에게서 아무것도 기대하거나 요구하지 않았습니다. 그녀의 사랑은 무조건적이었고, 계산적이지 않았습니다. 그녀는 제가 선교사의 아들이라는 사실과 언젠가는 다시 아프리카로 돌아가야 할지도 모른다는 불확실한 미래를 알고 있었지만, 오히려 제 삶의 뿌리가 된 신앙과 어머니의 사역에 대해 진지하게 질문하며 귀를 기울였습니다. 심지어 그녀는 자신의 안정된 직업과 생활을 내려놓고 언젠가 저와 함께 남아공 사역의 길에 동행하고 싶다는 마음을 비치기도 했습니다.

그녀의 이런 모습은 제게 큰 감동과 함께, 제가 하나님을 등지고 가장 멀리 떠났던 일본이라는 죄악의 장소에서 하나님께서 저를 구원하고 일으켜 세울 은혜의 손길을 미리 예비해 두셨다는 것을 깨닫게 했습니다. 그녀는 제가 절망의 구렁텅이에서 헤매고 있을 때, 제게 주어진 가장 큰 선물이었고, 다시 일어설 용기를 주는 하나님의 은혜의 통로였습니다.

결혼을 결심하다

이전까지 저는 스스로에게 결혼이라는 무거운 조건을 걸어두고 있었습니다. '내가 경제적으로 안정된 직장을 가지고, 완벽하게 건강을 회복하며, 확실한 미래를 보장할 수 있을 때 결혼해야 한다'는 것이 저의 굳은 신념이었습니다. 그러나 저의 모든 계획이 무너진 채 빈손으로 돌아온 상황에서, 그 조건들은 마치 감옥처럼 저를 옥죄고 있었습니다. 저는 스스로를 한심하게 여기며, 어떻게 이 상황에서 그녀와 결혼을 이야기할 수 있을까 자책했습니다. 하지만 매 순간 저의 곁을 지키며 흔들림 없는 사랑을 보여주는 그녀와 함께하며, 저는 결혼에 대한 새로운 깨달음을 얻게 되었습니다.

결혼은 모든 것이 완벽하게 갖춰진 상태에서 하는 것이 아니라, 함께 손을 맞잡고 서로의 부족함을 채워가며 준비해 나가는 길이라는 것을요. 저의 불안한 현실과 그녀의 변함없는 믿음이 충돌하는 지점에서, 저는 용기를 내기로 했습니다. 더 이상 제 자신의 연약함에 머물러 있지 않기로 했습니다. 당시 아내가 살던 집 아래로 찾아가 무릎을 꿇고 그녀에게 청혼했습니다. 제게는 단 한 가지, 그녀와 함께하겠다는 확신만이 있었습니다. 아내는 그 청혼을 기꺼이 받아들였습니다. 그날의 승낙은 단순한 결혼의 약속을 넘어, 저의 모든 불확실함을 하나님의 섭리 안에서 함께 헤쳐나가겠다는 믿음의 고백이었습니다.

양가의 만남

결혼을 앞두고 양가 부모님이 처음 만나는 상견례 자리가 마련되었습니다. 어머니는 그 자리에서 환하게 웃으셨지만, 그 미소 뒤에는 아들의 초라한 현실에 대한 미안함과 걱정이 숨어 있었을 것입니다. 반면, 아내의 부모님은 사위가 될 사람의 모든 것을 잃은 상황과 불확실한 미래를 마주하고도, 놀라울 만큼 너그러운 태도를 보여주셨습니다. 그분들은 남아공에 한 번도 가 본 적이 없었지만, 저희 두 사람이 함께하기로 한 결정을 존중해 주셨습니다. 그분들의 유일한 조건은 "가서 힘들더라도 서로 원망하지 말고, 끝까지 함께해라"라는 단 한마디였습니다.

그 말은 단순한 덕담이 아니었습니다. 그것은 곧 저희 부부의 삶을 지탱하는 가장 중요한 원칙이자, 힘든 여정 속에서 하나님께서 저희에게 주신 가장 귀한 약속의 말씀이 되었습니다. 그들의 현명하고 따뜻한 말씀 덕분에, 저희는 불안한 미래에 대한 두려움 대신, 서로를 향한 믿음과 사랑으로 굳건히 하나가 될 수 있었습니다.

그 약속은 이후 저희 부부의 중요한 원칙이 되었습니다. 남아공에서의 결혼 생활은 전혀 순탄치 않았습니다. 낯선 언어와 문화, 경제적 어려움, 그리고 사역의 고단함 속에서 저희는 수많은 위기를 겪어야 했습니다.

그러나 힘들 때마다 저희는 상견례 자리에서 들었던 그 약속을 기억했습니다. 서로를 원망하고 책임을 전가하는 대신, 서로의 손을 더 굳게 잡고 함께 기도하며 어려움을 헤쳐나갔습니다. 그 약속은 저희 부부에게 단순한 구호가 아니라, 매 순간 서로에게 힘과 용기를 주는 살아있는 하나님의 말씀이었습니다.

결혼식과 출발

2011년, 저는 사랑하는 아내와 함께 한국에서 결혼식을 올렸습니다. 그날의 결혼식은 단순히 두 사람의 결합을 축복하는 자리를 넘어, 저희의 새로운 사명과 인생의 여정을 함께 나누는 뜻깊은 시간이었습니다. 하객들 중에는 저희가 남아공으로 떠난다는 사실과 사역의 의미를 알고 진심으로 격려해 주는 분들도 있었고, 반대로 단순히 '해외로 나간다'는 사실만 알고 계신 분들도 있었습니다. 그분들의 다양한 시선 속에서 저희는 저희의 길이 세상적인 성공이나 안정과는 거리가 멀다는 것을 다시 한번 깨달았습니다.

결혼식 후, 저희는 신혼여행으로 터키를 택했습니다. 이스탄불의 청록빛 바다와 고대 성벽을 함께 걸으며, 저희는 앞으로 펼쳐질 삶의 여정에 대해 많은 이야기를 나누었습니다. 그 모든 대화 속에는 설렘과 함께, 낯선 땅에서의 삶에 대한 막연한 긴장감, 그리고 무엇보다 그 모든 것을 하나님의 인도하심에 맡기겠다는 굳건한 믿음이 가득했습니다. 저희는 서로의 손을 잡고, 이 불확실한 여정 속에서 하나님만을 의지하며 서로에게 든든한 동역자가 되어주자고 다짐했습니다.

신혼여행을 마치고 한국으로 돌아온 저희는 한 달 뒤, 모든 짐을 싸서 남아공행 비행기에 올랐습니다. 비행기 창밖으로 보이는 한국의 익숙한 풍경들은 서서히 멀어져 갔지만, 저희의 마음은 그 어느 때보다 단단했습니다. 그것은 단순히 새로운 땅을 향한 모험심이 아니었습니다. 저희는 하나님께서 저희의 삶의 모든 순간을 계획하고 계시며, 저희를 통해 그곳에서 이루실 놀라운 일들을 기대하며 나아갔습니다. 이륙의 순간, 설렘과 긴장, 그리고 하나님을 향한 흔들림 없는 믿음이 가득한 채, 저희의 새로운 여정이 시작되었습니다.

함께 세운 첫 집

한국을 떠나 남아공에 도착한 저희는, 아내의 만삭의 몸을 고려하여 프리토리아에 첫 보금자리를 마련했습니다. 그곳에서 저희의 결혼 생활과 사역의 여정이 함께 시작되었습니다.

저의 아내는 낯선 땅의 새로운 언어와 문화, 그리고 과거와는 완전히 다른 삶의 방식에 적응해야 하는 어려움을 겪었습니다. 또한 저는 일본에서의 실패 이후 잠시 멈추었던 사역의 현장으로 복귀했습니다. 저희의 생활은 절대 넉넉하지 않았고, 때로는 다음 달 생활비조차 걱정해야 하는 상황이 찾아오기도 했습니다.

그러나 그 모든 어려움 속에서도 저희는 매일 아침 함께 손을 잡고 기도하며 하루를 시작했습니다. 서로의 기도 제목을 나누고, 하나님의 도우심을 간구하는 그 시간은 저희에게 가장 큰 위로와 힘이 되었습니다. 바로 그 순간, 저희는 단순히 한 가정을 이룬 부부가 아니라, 하나님의 사명을 함께 감당하는 든든한 동역자임을 온몸으로 느낄 수 있었습니다. 서로의 손을 잡고 기도하는 그 단단한 연대가, 앞으로 펼쳐질 수많은 고난과 역경을 이겨낼 힘이 되어주었기 때문입니다.

부부 사역의 시작

남아공에서의 새로운 삶이 시작되었을 때, 저는 어머니께서 오랫동안 감당해 오신 루스텐버그 사역을 이어받았습니다. 한 달에 두 번, 왕복 200km가 넘는 먼 거리를 낡은 차로 달려 쓰레기장과 빈민촌을 방문하는 일이 저의 새로운 사명이 되었습니다. 이 길은 단순히 물리적인 거리를 이동하는 것을 넘어, 삶의 가장 낮은 곳을 향한 믿음의 순례길이었습니다. 그러나 아내는 남아공에 도착하자마자 임신하게 되었고, 몸 상태가 여의치 않아 사역지에 거의 함께 가지 못했습니다. 함께하고 싶어 하는 아내의 마음을 알기에, 저는 홀로 사역지로 향하는 발걸음이 무겁기도 했습니다. 아내는 집에서 기도와 격려로 저의 사역을 돕는 '보이지 않는 동역자'가 되어주었습니다. 비록 몸은 함께하지 못했지만, 그녀의 기도는 매 순간 저와 함께하며 사역의 어려움을 이겨낼 힘이 되었습니다. 저희는 각자 맡은 자리에서 최선을 다하며, 하나님께서 저희에게 허락하신 사명을 함께 감당하기 시작했습니다.

서로의 가장 든든한 동역자

결혼은 저의 삶을 완전히 바꾸어 놓았습니다. 이전까지의 저는 모든 것을 혼자 계획하고 판단하며 움직이는 데 익숙했습니다. 남아공에서의 부상과 일본에서의 시력 상실을 겪고도, 저는 여전히 제힘으로 인생의 주도권을 쥐려 했던 교만한 사람이었습니다.

그러나 이제는 달랐습니다. 아내라는 가장 든든한 동역자가 생기자, 저는 어떤 중요한 결정이든 혼자 내리지 않고 아내와 함께 기도하고 상의하는 것을 가장 먼저 하게 되었습니다. 이 과정은 저에게 겸손을 가르쳤고, 저희의 모든 발걸음이 인간적인 계획이 아닌 하나님의 뜻을 따르는 순종의 과정이 되게 했습니다.

아내는 저의 부족함을 채워주는 존재였습니다. 제가 보지 못하는 것을 보고, 제가 놓치는 것을 섬세하게 챙겨주었습니다. 저는 그녀의 믿음을 지켜주기 위해, 또 그녀가 낯선 땅에서 겪을 수 있는 두려움을 덜어주기 위해 최선을 다했습니다. 저희는 서로에게 하나님의 손길이었습니다.

서로의 연약함을 보듬고, 서로의 강점을 세워주며, 저희 부부는 함께 하나님의 사역을 감당했습니다. 저희의 가정생활과 사역은 분리된 것이 아니었습니다. 아침에 함께 드리는 기도부터, 루스텐버그를 향해 떠나는 고단한 발걸음, 그리고 돌아와 나누는 하루의 이야기까지, 부부가 함께하는 그 모든 순간은 그 자체로 하나님께 드리는 예배였습니다.

† 나의 기도

주님, 일본에서의 실패 후 모든 것을 잃고 돌아왔던 저의 초라한 모습을 기억합니다. 그러나 저를 버리지 않으시고, 절망의 방 한편에서 저를 붙들어주셨던 하나님의 은혜에 감사드립니다. 제 모든 상처와 연약함을 있는 그대로 사랑하고, 함께 하나님의 길을 걸어갈 아내를 허락하시니 감사합니다. 저희의 가정을 하나님의 사랑이 가득한 울림통으로 삼아주시고, 저희의 부족한 삶을 통해 하나님의 풍성한 합창이 세상에 울려 퍼지게 하시옵소서. 결혼이라는 연약한 인간의 서약이 하나님의 신실하심 안에서 굳건한 동역의 약속이 되게 하시고, 서로 원망하지 않고 끝까지 함께하는 믿음의 부부가 되게 하여 주시옵소서. 저희의 삶이 오직 하나님의 영광을 위한 거룩한 예배가 되기를 소망합니다. 우리 주 예수 그리스도 이름으로 기도드립니다. 아멘.

EPISODE 7
하늘길이 막힌 순간, 나는 고립된 섬이 되었다!

2019년 말, 저는 프로 연주자로서의 활동이 활발해지면서 남아공에서 큰 성공을 눈앞에 두고 있었습니다. 수입이 크게 늘었고, 모든 일을 정리하고 풀타임 뮤지션이자 자비량 선교사로서의 길을 걷기로 결심했죠. 2020년에는 남아공에 수많은 연주 스케줄이 잡혀 눈뜰 새 없이 바쁠 것으로 예상되었고. 저는 한국에 와서 3개월 정도의 일정을 소화하며 기타 연주자로서의 입지를 다지고자 했습니다. 모든 것이 순조로워 보였고, 마음에는 여유가 가득했습니다.

하지만 한국에 오자마자 심상치 않은 뉴스가 들려오기 시작했습니다. 코로나19라는 질병이 갑자기 심각한 수준으로 퍼지기 시작했고, 처음에는 대수롭지 않게 생각했지만, 우려는 곧 현실이 되었습니다. 2020년 1월 초, 남아공으로 돌아갈 날이 다가왔지만, 청천벽력 같은 일이 벌어졌습니다. 공항이 모두 폐쇄된 것입니다. 남아공은 입국 금지 조치를 내렸고, 저는 기약 없이 기다릴 수밖에 없었습니다.

원래 예정되어 있던 모든 스케줄은 파기되었고, 저는 엄청난 위약금을 물어야 했습니다. 남아공에 있는 가족들은 나를 걱정했고, 나는 한국에 홀로 갇힌 채 가족들이 걱정되기 시작했습니다. 단기로 임대한 오피스텔에 혼자 지내며 남아공으로 돌아갈 날을 기다렸지만, 상황은 점점 최악으로 치달았습니다. 6월, 7월, 8월, 그리고 9월이 되도록 하늘길은 닫혀 있었고, 돈은 점점 떨어졌습니다. 사역지에서는 계속해서 연락이 왔고, 나는 없는 돈을 빚내어 그들에게 보내주었습니다. 3개월도 길다고 징징대던 내가 1년 가까이 사랑하는 아내와 아이들과 생이별해야 했습니다.

2020년 10월 12일, 드디어 하늘길이 열렸습니다. 나는 마치 기적처럼 남아공으로 돌아갈 수 있었습니다. 1년 만에 만난 아내와 아이들을 보며 울고 또 울었지만, 남아공의 상황은 말 그대로 최악이었습니다. 모든 공연은 금지되었고, 50명 이상을 모이게 하는 주동자는 징역 6개월 형에 처한다고 했습니다. 내 신변에 큰 위험이 왔고, 나는 남아공에서 어떠한 일도 할 수 없는 상황이 되었습니다. 결국 나는 다시 한국으로 돌아올 수밖에 없었습니다. 먹고 살길이 막막해 한국에서 도움을 요청했고, 그동안 나를 좋아하던 남아공의 많은 지인들이 제가 돈이 없자 저를 비난하기 시작했습니다. 줘야 할 돈을 주지 않는다고 하고, 위험한 상황이 닥치자, 한국으로 도망쳤다고 말했습니다. 그들의 비난은 저를 슬프고 괴롭게 만들었지만, 제 마음속에는 억울함과 분노 대신 오히려 긍휼한 마음이 들었습니다. 저는 그들을 향해 "내가 대우받고 칭송받는 자리에 있고 싶어 선교지에 나온 것이 아니라, 나를 핍박하고 비난할지라도 복음을 전하기 위해 이곳에 왔구나"라는 고백을 할 수 있었습니다. 그리고 그때 만든 곡은 선행(God is Good)이라는 곡입니다.

이 모든 시련은 나의 부족함을 절실히 느끼고, 혼자가 아닌 함께 힘을 합하여 하나님의 일을 해야 하는 상황을 만들어주신 하나님의 계획이었습니다.

♬ SONG 요한 연주곡 감상

선행 (God is Good)

대가를 받고 누군가를 도와주는 것은 매우 당연한 세상의 이치입니다. 그러나, 하나님은 나에게 그 어떠한 대가도 바라지 않고 선물과도 같은 은혜를 부어 주십니다. 거저 받은 은혜가 너무 고마워 저 역시 대가 없이 사람들을 돕고자 합니다. 그것이 바로 선행이 아닐까요?

8

핑거스타일:
상처 입은 손으로
연주하는 찬양

음악과 선교 —
프로 기타리스트의 길

"각각 은사를 받은대로 하나님의 각양 은혜를 맡은
선한 청지기 같이 서로 봉사하라" (베드로전서 4:10)

제 삶의 모든 현이 끊어지고, 교만으로 쌓아 올렸던 모든 계획이 무너져 내렸을 때, 저는 텅 빈 무대 위에 홀로 남겨진 연주자였습니다. 더 이상 연주할 악보도, 자신감도 남아있지 않은 완전한 침묵의 시간이었습니다.

일본에서의 실패 이후 아내와 함께 남아공으로 돌아온 저는 한 가정의 가장이 되었지만, 미래에 대한 아무런 청사진이 없었습니다. 일본어는 이곳에서 아무 쓸모가 없었고, 이렇다 할 기술도 없는 제가 할 수 있는 일은 거의 없었습니다. '정말 뭘 해 먹고 살아야 하나'라는 막막함이 매일 밤 저를 짓눌렀습니다.

현지인들이 운영하는 가게에서 겨울 일자리를 얻어 몇 달을 버티기도 했고, 기타 연주를 하면서 한인들에게 알려져 한인 가게에서 일을 하기도 했습니다. 제 손은 더 이상 원대한 계획을 써 내려가는 펜이 아닌, 생계를 위해 닥치는 대로 일을 하는 고단한 노동자의 손이 되어가고 있었습니다.

바로 그 가장 낮고 절망적인 순간, 하나님께서는 저에게 새로운 언어를 가르쳐주기 시작하셨습니다. 그것은 더 이상 세상의 지식이나 인간의 말이 아니었습니다. 어느 날, 무료한 시간을 보내던 아내가 유튜브를 보다가 저를 다급하게 불렀습니다. "여보, 이것 좀 봐. 기타 한 대로 치는데 어떻게 밴드 같은 소리가 나지?" 화면 속 연주자의 손가락은 마법처럼 춤을 추고 있었습니다. 그 상처 입고 텅 비어버린 제 손에, 하나님께서는 낡은 기타를 다시 쥐여주셨습니다. 중학생 시절 두 번이나 목이 부러지며 좌절을 안겨주었던 그 악기를 다시 잡았을 때, 제 마음은 복잡한 감정으로 가득 찼습니다.

그러나 이번에는 달랐습니다. 제 속에서 첫 번째 떠오르는 마음은 이곳의 아이들에게 더 멋진 연주를 들려주고 싶다는 아주 작고 순수한 소망이었습니다. 악보조차 볼 줄 몰랐던 제게, 하나님께서는 소리를 듣고 그대로 따라 칠 수 있는 놀라운 선물을 부어주셨습니다. 그렇게 '핑거스타일'이라는 놀라운 주법을 통해, 하나님은 제 삶의 모든 아픔과 회복, 슬픔과 감사를 하나의 음악으로 연주하는 법을 알려주셨습니다. 한 대의 기타로 멜로디와 화음, 리듬을 동시에 연주하는 핑거스타일은, 마치 흩어졌던 제 삶의 조각들이 하나님의 은혜 안에서 비로소 하나의 하모니를 이루는 것과 같았습니다. 이것은 실패한 자의 손으로, 오직 하나님의 영광만을 위해 연주하기 시작한 찬양의 이야기입니다.

기타와의 첫 만남

사람들은 제가 어릴 때부터 기타를 평생의 동반자로 여기며 살아온 사람일 것으로 생각합니다. 그러나 실은 전혀 그렇지 않습니다. 제 삶에서 기타는 운명적인 만남이 아니라, 오히려 허락되지 않은 길처럼 보였던 숱한 좌절의 기억에 가까웠습니다.

모든 것의 시작은 한국에서의 중학교 1학년 시절로 거슬러 올라갑니다. 당시 TV에 나오는 가수들이 기타를 메고 노래하는 모습은 자유와 낭만의 상징처럼 보였고, 저 또한 그 세계를 동경하게 되었습니다.

저는 용돈을 아끼고 모아, 당시 어린 저에게 거금이었던 5만 원이라는 돈을 손에 쥐었습니다. 곧장 동네 악기상으로 달려가, 가장 그럴듯해 보이는 통기타 한 대를 무작정 구매했습니다. 제 생애 첫 악기였습니다. 설레는 마음으로 기타를 품에 안고 집에 돌아와, 아직 아무것도 모르는 상태에서 몇 번 줄을 퉁겨보았습니다. 그러나 그 감흥도 잠시, 기타를 벽에 잠시 기대두고 저녁을 먹고 돌아왔을 때, 제 첫 기타는 바닥에 넘어져 헤드가 완전히 부러진 채 나뒹굴고 있었습니다. 단 하루 만에 저의 첫 음악에 대한 꿈은 허무하게 사라졌습니다.

처음에는 굳은살 하나 없는 손가락 끝이 아파 금세 기타를 내려놓을 수밖에 없고, 제 손에서 기타가 떠났어도, 그 거칠고 따뜻했던 울림은 이상하게 제 머릿속에 계속 맴돌았습니다. 그때는 그저 그 소리가 좋아서, 음악이 좋아서 틈틈이 기타를 만졌을 뿐이었습니다. 그러나 훗날, 그 낡고 녹슬었던 악기가 제 삶의 가장 어두운 순간에 하나님께서 쥐여주신 가장 강력한 '선교의 통로'가 될 줄은, 저는 상상조차 하지 못했습니다.

음악을 통한 회복

일본에서의 병상 생활과 귀국 후의 긴 치료 기간, 기타는 저에게 '침묵 속의 기도'였습니다. 모든 계획이 좌절되고, 제힘으로 할 수 있는 것이 아무것도 없다고 느껴지던 바로 그때, 저는 비로소 어머니의 사역을 돕는 일에 제 시간을 온전히 쏟기 시작했습니다. 처음에는 그저 아이들에게 코드로 찬양 반주를 해주는 것이 전부였습니다. 아이들이 제 서툰 연주에도 해맑게 웃으며 기뻐하는 모습을 보며, 제 마음에 '좀 더 멋있는 곡을 연주해 주면 훨씬 더 좋아하겠는걸?'이라는 작은 소망이 싹텄습니다.

그러던 어느 날, 무료한 시간을 보내던 아내가 유튜브를 보다가 저를 다급하게 불렀습니다. "여보, 이것 좀 봐. 기타 한 대로 치는데 어떻게 밴드 같은 소리가 나지? 너무 멋있다!" 그 신기한 모습에 매료되어 '나도 한번 해볼까?'라는 생각과 함께 다시 기타를 잡았습니다. 악보를 볼 줄도, 정식으로 기타를 배운 적도 없었지만, 하나님께서 주신 것인지 저에게는 소리를 듣고 그대로 따라 칠 수 있는 작은 재능이 있었습니다.

저는 그날부터 유튜브에 있는 핑거스타일 연주 영상들을 보며, 무작정 흉내 내기 시작했습니다. 그 시간은 단순한 취미가 아니라 제 영혼의 회복 과정이었습니다. 말로 표현할 수 없는 지난날의 감정과 탄식을 코드와 멜로디에 실어 쏟아냈습니다. 아픈 손가락을 무리하게 움직이며, 마치 하나님께 직접 편지를 쓰듯 연주했습니다. 하나님은 바로 그 시기를 통해 제 안에 '음악으로 복음을 전하라'는 새로운 부르심을 심으셨습니다.

남아공에서의 첫 연주

　제가 할 줄 아는 유일한 자랑거리인 이 신기한 연주를 남아공의 현지인들에게 보여주기 시작했습니다. 그들의 반응은 폭발적이었습니다. 기타 한 대로 펼쳐지는 그 화려하고 디체로운 소리의 향연을 바라보며, 그들은 난생처음 보는 광경인 듯 신기해하며 기뻐했습니다. 아이들은 제 연주에 맞춰 춤을 추었고, 어른들은 손뼉을 치며 환호했습니다. 그들의 그 순수한 기쁨과 감탄은, 실패감과 무력감에 찌들어 있던 저에게 마른 땅에 내리는 단비와도 같았습니다.

　처음에는 그저 식비와 차비 정도만 받고 작은 카페와 식당에서 연주하기 시작했습니다. 그러나 기타 한 대로 밴드를 압도하는 듯한 저의 독특한 연주 스타일이 입소문을 타면서, 저를 찾는 곳은 점점 더 많아졌습니다. 그러던 어느 날, 한 자선 단체로부터 후천적으로 장애를 갖게 된 중증 장애인들을 위한 기금 마련 바자회에서 연주해달라는 조심스러운 요청을 받았습니다. 그들 앞에서 연주하는데, 제 마음속에서 뜨거운 무언가가 올라왔습니다. 저는 다음 날 다시 그곳을 찾아가 대담한 제안을 했습니다. "여기에 있는 모든 이들을 위하여 제대로 된 디너쇼를 열고 싶습니다. 제가 가진 모든 장비를 동원해서 기금을 모아봅시다."

　한 달간의 준비 끝에 열린 디너쇼는 대성공을 거두었고, 약 400만 원이라는 큰 기금을 모을 수 있었습니다. 행사가 끝나고, 사람들의 감사와 감동이 가득한 얼굴들을 보았을 때, 저는 비로소 깨달았습니다. 하나님께서 저에게 기타라는 재능을 주신 진짜 이유를! 저는 단순히 연주를 하는 사람이 아니라, 사람과 사람을 잇고, 가진 자의 마음과 필요한 자의 손을 연결하며, 그 가운데서 하나님의 사랑이 흐르게 하는 '연결 고리'였습니다. 가난한 마을 한편에서 낡은 의자 위에 앉아 기타를 치던 그 순간, 저는 '이곳에서 음악이 곧 하나님의 언어'임을 느꼈습니다.

문화와 언어의 장벽을 넘다

과거 그랜빌 하이스쿨에서 1년간 겪었던 침묵의 시간은, 제게 언어의 장벽이 얼마나 높고 견고한지를 뼈저리게 가르쳐주었습니다. 400명의 학생들 중에 유일한 동양인이었던 저는 알아들을 수 없는 말들의 소음 속에서 투명한 벽에 갇힌 듯한 깊은 고독을 느껴야 했습니다. 하고 싶은 말은 많지만 표현할 길이 없었던 그 답답함, 친구들의 웃음소리 속에서 홀로 소외되었던 외로움은 제게 깊은 상처로 남아 있었습니다.

그런 제가 기타를 들고 다시 남아프리카 공화국의 사람들 앞에 섰을 때, 저는 과거와 동일하지만, 훨씬 더 거대한 장벽을 마주해야 했습니다. 남아공은 무려 11개의 공용어를 가진 다민족 국가였고, 제가 가는 마을마다 사용하는 언어가 달랐습니다. 그러나 하나님께서 제게 허락하신 새로운 언어, '음악' 앞에서는 그 모든 장벽이 힘을 잃었습니다.

어떤 지역에 가면 사람들은 줄루어로 찬양을 불렀고, 또 다른 지역에서는 코사어로 찬양을 불렀습니다. 저는 그들의 언어를 완벽히 알지 못했지만, 더 이상 과거처럼 외롭거나 단절감을 느끼지 않았습니다. 제 손의 기타가 그들의 마음을 읽고 대답할 수 있는 저의 새로운 입이 되어주었기 때문입니다. 그들의 찬양에 담긴 기쁨과 슬픔, 갈망을 멜로디로 느끼고, 저의 연주로 화답하며 우리는 언어를 넘어 영혼으로 하나가 되었습니다.

멜로디 한 소절이, 제가 평생 배워도 다 할 수 없을 언어 수십 줄보다 더 많은 위로와 공감을 전했습니다. 음악은 과거 저의 가장 큰 아픔이었던 '소통의 부재'를 치유하고, 이제는 모든 이와 하나 되게 하는 하나님께서 주신 가장 위대한 소통의 도구였습니다.

거리에서 울려 퍼진 찬양

제 음악은 더 이상 저의 회복만을 위한 '침묵 속의 기도'가 아니었습니다. 하나님의 인도하심에 따라, 저는 거리로 나아가기 시작했습니다. 프리토리아 시내 중심가의 작은 카페에서 연주하며 저는 작은 앰프에 기타를 연결하고 기타 연주를 시작했습니다. 매캐한 음식 냄새가 감도는 작은 카페에서 제 연주는 처음에는 외로운 독백처럼 느껴졌습니다. 카페의 손님들은 저를 호기심 어린 눈으로 지켜볼 뿐이었습니다.

그러나 두세 곡이 지나자, 놀라운 일이 벌어졌습니다. 하나님의 영이 음악을 타고 그들의 마음에 닿기 시작한 것입니다. 물건을 팔던 길거리 상인들과 바쁘게 길을 가던 행인들이 하나둘씩 발걸음을 멈추고 제 주위로 모여들었습니다. 그리고 누가 먼저라고 할 것도 없이, 서툰 멜로디로 노래를 함께 따라 부르기 시작했습니다. 인종도, 나이도, 살아온 환경도 다른 이들이 오직 찬양 안에서 하나의 목소리가 되는 그 순간, 저는 그 자리에서 몇몇 청년이 눈물을 흘리며 예수님을 영접하는 기적을 목격했습니다.

연주가 끝나고 악기를 정리할 때, 한 작은 소년이 제게 다가와 말했습니다. "하나님의 노래가 제 마음을 열었어요. 저도 기타를 배우고 싶

어요." 그 순수한 고백은 저에게 그 어떤 찬사보다 큰 감동과 확신을 주었습니다. 그리고 훗날, 그 소년은 자라나 자신이 속한 교회의 찬양 인도자가 되었습니다. 그날 거리에서 울려 퍼졌던 작은 연주와 찬양이, 또 다른 예배를 이끄는 씨앗이 된 것입니다.

일본과 한국에서의 연주 사역

남아공에서의 사역이 깊어지면서, 활동 범위가 넓어지는 기회가 생겼습니다. 과거에 알고 지내던 일본 분을 통해 오사카 메세와 시부야의 이케베 악기라는 곳에서 연주하게 되었습니다.

일본에서의 연주는 개인적으로 감회가 새로운 경험이었습니다. 과거 큰 야망을 품고 갔다가 모든 것을 잃고 패잔병처럼 떠나야 했던 땅이었기 때문입니다. 일본에서의 짧은 연주는 조용하고 차분한 분위기 속에서 진행되었습니다. 관객들은 작은 숨소리 하나 내지 않고, 제 손가락 끝에서 흘러나오는 한 음 한 음에 깊이 집중했습니다. 뜨거운 환호 대신 고요한 경청으로 함께하는 그들의 모습 속에서, 제 연주가 그들의 마음에 깊은 울림으로 스며들고 있음을 느낄 수 있었습니다.

반면, 저의 모국인 한국에서의 반응은 매우 열정적이었습니다. 공연장에서는 뜨거운 박수와 환호가 터져 나왔고, 특히 찬양을 연주할 때는 많은 사람들이 눈물을 흘리며 함께 예배했습니다. 활동이 점차 인정받으면서, 세계적인 연주자 정성하와 한 무대에 서거나, 여러 교회의 강단과 CBS '새롭게 하소서'에 출연하여 제 삶의 이야기를 나누는 기회도 가졌습니다.

이처럼 문화권마다 청중의 반응은 눈에 띄게 달랐지만, 음악을 통해 전해지는 복음의 메시지는 동일했습니다. 이러한 경험들을 통해, 음악이 국경과 문화의 차이를 넘어 사람들의 마음을 여는 강력한 힘을 가지고 있음을 다시 한번 확인하게 되었습니다.

기타 클래스와 제자 양성

사역을 하다 보니, 저의 연주를 듣고 음악에 관심을 보이는 현지 청년들이 늘어났습니다. 그들의 눈빛 속에서 과거 아무런 희망 없이 방황하던 저의 모습을 보았고, 그들에게도 음악이 새로운 소망의 통로가 될 수 있겠다고 생각하게 되었습니다. 저는 정식으로 아이들에게 기타를 가르치는 선생님은 아니었지만, 그들의 마음에 음악의 씨앗을 심는 또 다른 의미의 교사가 되기로 했습니다.

저는 매주 작은 모임을 열어 기본적인 코드와 찬양 연주법을 가르쳤습니다. 처음에는 아이들이 아는 노래를 함께 부르는 정도였지만, 점차 체계적인 제자 훈련의 시간으로 발전했습니다. 이 시간은 단순한 음악 수업이 아니라, 연습에 앞서 함께 말씀을 읽고 삶의 간증을 나누는 시간이었습니다. 저의 실패와 회복의 이야기를 나누며, 기타 기술뿐만 아니라 믿음 안에서 살아가는 법을 함께 고민했습니다.

이러한 나눔의 결과는 놀라웠습니다. 몇몇 제자는 자신이 사는 마을에서 자발적으로 찬양 모임을 시작했고, 그 작은 믿음의 불씨는 이웃 마을로까지 번져나갔습니다. 저의 사역은 더 이상 저 혼자 연주하는 것이 아니라, 현지 청년들을 다음 세대의 예배 인도자로 세우고 그들과 함께

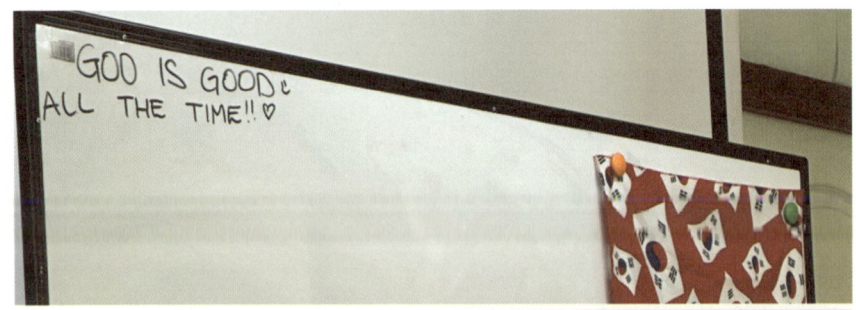

동역하는 것으로 확장되었습니다.

프로 기타리스트로서의 정체성

저의 정체성은 '선교사'이자 '프로 기타리스트'입니다. 이 두 가지 정체성은 분리된 것이 아니라, 서로를 더욱 견고하게 만들어주는 제 사역의 두 기둥과 같습니다. 저는 연주 기술과 음악적 깊이를 추구하는 것을 게을리하지 않습니다. 그것은 단순히 더 나은 연주자가 되기 위함이 아니라, 제게 허락된 재능을 최고의 것으로 갈고닦아 하나님께 드리는 것이 마땅한 청지기의 책임이라고 믿기 때문입니다. 연주 기술과 음악적 깊이는 사역 현장에서 더 큰 영향력을 발휘하게 만듭니다.

수많은 무대의 경험을 통해 깨달은 것은 사람들은 단순히 기술적으로 잘하는 연주자보다 자신의 삶과 진심을 담아 연주하는 사람에게 마음을 연다는 것입니다. 그리고 그 진심은 저의 경험이나 노력이 아닌, 저를 구원하신 하나님을 향한 사랑에서 나옵니다. 제 손에 쥐어진 기타는 단순한 악기가 아니라, 저의 간증과 복음을 실어 나르는 배와 같습니다.

그러므로 저의 가장 중요한 정체성은 언제나 '선교사'입니다. 기타는 하나님께서 제게 허락하신 가장 귀하고 강력한 도구이지만, 도구일 뿐입니다. 만약 어느 날 제가 팔을 다쳐 평생 기타를 치지 못하게 된다 해도, 저의 사역은 멈추지 않을 것입니다. 저는 하나님의 복음을 전하는 선교사이기 때문입니다.

† **나의 기도**

주님, 모든 것이 불확실했던 제 삶의 여정 가운데 '사명'이라는 선명한 푯대를 세워주시니 감사합니다. 제 마음이 약해져 더 편한 곳을 바라볼 때마다, "누가 이 아이들을 대신하겠느냐"는 하나님의 음성을 기억하게 하소서. 제 사역이 저의 이름으로 끝나는 것이 아니라, 이 땅의 다음 세대들이 스스로 일어나 하나님을 찬양하고 복음을 전하는 그날을 보게 하여 주시옵소서. 제 감정이 아닌 하나님의 약속을 붙들게 하시고, 제 삶의 모든 순간이 오직 하나님의 영광을 드러내는 통로가 되게 하여 주시옵소서. 우리 주 예수 그리스도 이름으로 기도드립니다. 아멘.

EPISODE 8
갱과 경찰관의 차이점 – 지갑은 되돌려 준다는 것

나는 남아공에서 대부분의 이동을 직접 운전하며 다녔습니다. 대중교통 이용은 동양인인 나에게는 표적이 되기 쉬웠기 때문입니다. 그러던 어느 날 아침, 친한 동생과 함께 음아 워크숍에 가던 길에 도로에서 검문하는 경찰 무리를 만났습니다. 나는 시속 60km 정도로 운전하고 있었는데, 경찰이 멈추라는 소리를 미처 듣지 못하고 지나쳐 버렸습니다.

갑작스러운 지시였기에 속도를 줄일 틈도 없이 지나쳤는데, 경찰차가 사이렌을 울리며 내 차를 향해 다가왔습니다. 그들은 매우 위협적인 태도로 차를 돌려 아까 지나친 곳으로 돌아가라고 소리쳤습니다. 워크숍 시작까지는 한 시간 남짓 남은 상황이었고, 경찰의 태도는 매우 완강했습니다. 나는 결국 차를 돌려 검문 장소로 돌아갔습니다.

차가 멈추자마자 경찰 4~5명이 나를 둘러쌌습니다. 그들은 현직 경찰관의 지시를 어겼다며 당장 경찰서에 가서 조사를 받아야 한다고 했고, 나와 청년의 신분증을 보여달라고 위협했습니다. 누가 봐도 즉시 멈출 수 없는 속도였고, 오히려 사이렌을 울리며 쫓아온 것은 그들이 아니던가? 나는 억울했지만 변명하다가는 시간이 더 지체될 것 같아 신분증을 찾았습니다.

영주권자인 나는 남아공 아이디 북이 있어 문제가 없었지만, 옆에 있던 청년은 비자 연장 중이라 여권에 비자가 만료된 상태였고, 증명 영수증을 집에 두고 온 상황이었습니다. 경찰들은 이 청년을 불법 체류자로 몰아세우며 조사를 받으라고 협박했습니다. 워크숍 시작이 한 시간도 채 남지 않은 상황에서 그들의 위협은 계속되었고, 그들은 마침내 내게 수갑을 채우려 했습니다. 내가 저항할 수 없다는 것을 눈치챈 그들은 내 지갑을 빼앗아 안에 있던 현금 약 20만 원을 모두 가져갔습니다. 경찰에게 강도를 당했다는 사실에 억울하고 속상했지만, 그들은 지갑을 던지고 얼른 가버리라고 했습니다.

그 순간, '내가 이런 나라를 위해 선교사로 살아야 하는가?'라는 생각이 0.5초 정도 들려는 찰나, 하나님의 음성이 들리는 듯했습니다. '못되고 악한 사람들이라고 여기지 말고, 너에게 악하게 굴었다고 너도 악한 사람이 되지 말라. 내가 널 용서한 것처럼 너도 그들을 용서하고, 억울한 일을 당하더라도 오히려 그들에게 복음을 전하기 위해 이곳에 왔다는 것을 기억하라'고 말입니다.

매우 속상했지만, 마음을 다잡고 무사히 워크숍을 마친 후 집으로 돌아오면서, 저는 하나님이 얼마나 오래 참고 또 참고 계시는지 생각했습니다. 이 사건은 저에게 복음이 필요한 사람들을 위해 남아공에 왔다는 사실을 다시금 깨닫게 해주었습니다. 저는 그들의 악함에 분노하기보다, 그들을 긍휼히 여기는 마음으로 복음을 전할 힘을 얻었습니다.

♬ SONG요한 연주곡 감상

한국 (Korea)

오래전 한국을 떠나 먼 타지에서 살게 된 지 어느덧 십수 년. 저는 항상 한국이 그리웠습니다. 외롭고 힘든 시간이었지만 전 용기를 잃지 않았습니다. 저는 자랑스러운 한국인이니까요.

9

높고 낮은 음:
합력하여 선을
이루는 화음

시련과 부흥 —
사역의 위기와 하나님의 역전

　　기타라는 악기의 신비는, 그 텅 빈 공간에 있습니다. 세상의 모든 것은 속을 채우려고 합니다. 지식으로, 경험으로, 성공과 명예로 자신의 내면을 가득 채워 단단해지기를 갈망합니다. 저 역시 그랬습니다. 제힘으로 이룬 성취와 계획으로 제 삶을 빈틈없이 채워 넣어, 세상의 어떤 비바람에도 흔들리지 않는 견고한 존재가 되고 싶었습니다.

　　그러나 기타는 정반대의 진리를 가르쳐줍니다. 만약 기타의 몸통이 단단한 나무로 꽉 채워져 있다면, 현은 그저 날카롭고 의미 없는 소리를 내다 이내 사라져 버릴 것입니다. 비어 있기에 울릴 수 있고, 그 텅 빈 공간이 있기에 모든 현의 미세한 떨림을 품어 안아 하나의 풍성하고 조화로운 소리로 증폭시킬 수 있습니다. 울림통은 채움으로써 존재하는 것이 아니라, 비움으로써 그 존재의 의미를 완성합니다.

　　제 삶이 하나의 노래가 될 수 있다면, 그것은 하나님께서 제 삶의 그 울림통을 만들기 위해, 얼마나 오랫동안 저를 깎고, 파내고, 비워내셨는지를 깨달았기 때문일 것입니다. 제 삶의 가장 큰 고통과 상실, 실패와 절망의 순간들은, 다름 아닌 저의 교만과 자아를 깎아내고 비워내어, 하나님의 소리가 울려 퍼질 수 있는 거룩한 공간을 만드시는, 하나님의 아프고도 자비로운 손길이었음을 고백합니다. 그렇게 하나님의 손에 의해 비워지고 새롭게 조율된 제 삶의 울림통은, 이제 저 자신을 위한 노래가 아닌 세상을 향한 구체적인 '사역'의 노래로 울리기 시작했습니다.

보이지 않는 벽

남아공에서의 사역이 5년 차에 접어들 무렵, 겉보기에는 사역이 안정되는 듯 보였습니다. 쓰레기장과 빈민촌의 아이들은 점점 더 예배에 참여했고, 그들 가운데에서 현지인 리더들도 세워지고 있었습니다. 그러나 그 희망적인 모습 이면에서는, 동시에 사역의 근간을 뒤흔드는 보이지 않는 벽들이 점점 더 높이 솟아오르고 있었습니다.

첫 번째는 재정의 벽이었습니다. 후원은 늘 일정하지 않았고, 한정된 후원금으로 우리 가족의 생활비와 사역비를 함께 감당해야 했습니다. 어떤 달에는 다음 달 사역지로 향할 교통비조차 마련되지 않아, 아이들과의 약속을 지키지 못할 수도 있다는 불안감에 사역을 중단해야 하는 것은 아닌가 하는 깊은 고민에 빠진 적도 있었습니다.

두 번째는 건강의 벽이었습니다. 현지의 강한 햇빛과 먼지, 열악한 위생 환경 속에서 피부와 호흡기 질환이 반복되었습니다. 사역지를 다녀오면 하루 이상은 몸을 제대로 가누기 힘들 정도로 육체적인 소모가 컸습니다. 사역을 향한 마음은 뜨거웠지만, 지쳐가는 몸을 보며 무력감을 느끼곤 했습니다.

세 번째는 안전의 벽이었습니다. 저희가 사역하던 루스텐버그의 일부 지역은 범죄율이 매우 높았습니다. 찬양을 하면서도 항상 위험에 대비해야 했습니다.

이 세 개의 거대한 벽 앞에서 저의 마음은 무너져 내렸지만, 바로 그 절망의 순간에 하나님의 은혜는 더욱 선명하게 임했습니다. 문제는 사라지지 않았지만, 그 문제보다 크신 하나님을 바라보며 다시 일어설 힘을 얻었습니다. 제 연약함을 통해 하나님의 강하심을 드러내시는 그 은

혜가, 저에게 모든 벽을 넘어 계속해서 사역의 길을 걷게 했습니다.

무너진 마음

사역의 벽 앞에서 무력감을 느끼던 어느 날, 루스텐버그에서 프리토리아로 돌아오는 낡은 차 안에서 저는 마침내 무너지는 마음을 아내에게 털어놓았습니다.

"우리… 여기서 계속할 수 있을까? 하나님이 보내셨지만, 내가 감당할 힘이 없는 것 같아." 제 목소리에는 그동안 쌓아왔던 절망과 좌절이 고스란히 담겨 있었습니다. 아내는 제 말에 아무런 대답도 하지 않았습니다. 차 안에는 침묵만이 흘렀지만, 그 고요 속에서 저는 아내의 마음이 전해지는 듯했습니다.

마치 "하나님이 무너져도, 하나님은 무너지지 않아요. 우리는 그분이 세우신 자리에서 그분이 하실 일을 기다리면 돼요"라고 말하는 것 같았습니다. 저는 그 자리에서 한없이 눈물을 흘리는 것 외에는 아무것도 할 수 없었습니다. 그 눈물은 단순히 제 고통에 대한 눈물이 아니라, 여전히 제힘으로 사역을 이어가려 했던 저의 교만을 깨닫는 회개의 눈물이었습니다. 하나님의 뜻을 따르는 것이 아니라, 제 능력으로 모든 것을 이루려 했던 어리석음이었습니다.

기도의 밤

아내의 침묵과 제 마음의 무너짐을 경험한 그날 밤, 저는 더 이상 버틸 힘이 없다는 것을 인정하며 거실에 무릎을 꿇었습니다. 기도는 간절했고, 때로는 말이 되지 않는 울음이었습니다.

"하나님, 우리 힘으로는 안 됩니다. 사역을 지켜주시고, 필요한 것을 채워주옵소서." 그 기도는 단 한 번으로 끝나지 않았습니다. 저의 무력함을 인정하고 하나님의 도우심을 간구하는 그 시간이 저의 매 순간을 채우기 시작했습니다. 하루하루 지날수록 제 마음은 조금씩 가벼워졌고, 상황을 바라보는 저의 눈이 바뀌기 시작했습니다.

문제는 여전히 그곳에 있었지만, 저는 문제보다 크신 하나님을 바라보게 되었습니다. 절망의 벽이 솟아오를수록, 그 벽을 넘어 하나님의 은혜가 더욱 선명하게 임한다는 것을 깨달았습니다. 저의 부족함과 연약함 속에서 하나님의 강하심이 온전히 드러난다는 것을 저는 몸과 마음으로 배우고 있었습니다.

뜻밖의 공급

그렇게 기도하며 나아가던 몇 주 뒤, 한국에 계신 한 분으로부터 뜻밖의 후원금이 전달되었습니다. 그 순간 저는 또 한 번 울음을 터트렸습니다. 그리고 그날 밤, 저는 일기장에 이렇게 적었습니다. "하나님은 아직도 이곳에서 우리가 해야 할 일이 있다고 말씀하신다." 이 일은 단순한 재정적 공급을 넘어, 하나님께서 저희의 기도를 들으시고 응답하신다는 명확한 사인이었습니다.

사역에는 물질적인 공급이 필요합니다. 하지만 그보다 더 근본적인 것은, 매 순간 하나님께서 저희와 함께하시며 저희의 필요를 아신다는 사랑과 은혜의 공급이었습니다. 이 경험을 통해 저는 인간적인 염려를 내려놓고 오직 하나님의 섭리만을 신뢰하는 믿음의 길을 걷기로 다시 한번 다짐했습니다.

사역이 불씨가 되살아나다

가정과 삶에 회복의 온기가 스며들기 시작하자, 사역 현장에서도 놀라운 변화의 불꽃이 타오르기 시작했습니다. 경제적 어려움과 육체적 고단함, 안전에 대한 위협으로 인해 사역을 중단해야 할지도 모른다는 깊은 고민에 빠졌던 때도 있었지만, 포기하지 않고 묵묵히 하나님의 부르심을 따라 순회 사역을 이어가던 중, 기적과 같은 일들이 벌어졌습니다. 예배를 드리는 곳마다, 저희의 연주와 간증을 듣고 복음을 영접하는 사람들이 눈에 띄게 늘어났습니다. 저는 그들의 눈빛에서 그동안 겪었던 모든 고난을 보상받는 듯한 큰 감동을 느꼈습니다.

이 놀라운 변화는 단순히 저희의 노력이 가져온 결과가 아니었습니다. 그것은 '우리의 계획'이 아닌 '하나님의 계획'이 이 땅에서 여전히 살아 움직이고 있다는 명백한 증거였습니다. 모든 것이 끝이라고 생각했던 순간, 하나님께서는 보이지 않는 곳에서 이미 새로운 역사를 시작하고 계셨던 것입니다. 이 경험을 통해 저는 하나님의 때를 기다리는 인내와 하나님의 능력을 신뢰하는 믿음의 중요성을 다시 한번 깨달았습니다.

부흥의 조짐

저는 그동안 시련을 끝이라고 생각했습니다. 경제적 어려움과 건강 문제, 그리고 안전에 대한 위협은 제게 사역의 길이 더 이상 이어질 수 없음을 알리는 신호처럼 느껴졌습니다. 그러나 시간이 흘러 뒤돌아보니, 그 모든 시련은 끝이 아니라, 하나님께서 부흥을 준비하시는 과정이었다는 것을 깨닫게 되었습니다.

마치 기타의 몸통을 비워내어 풍성한 울림을 준비하시듯, 하나님께서는 저희를 가장 낮은 곳으로 이끄시어 모든 교만과 자아를 비워내게 하셨습니다. 그리고 그 비워진 공간에 하나님의 영광을 채우셨습니다. 저희의 연약함과 부족함을 통해 하나님의 능력이 온전하게 드러나자, 사람들은 저희를 보는 것이 아니라 저희 뒤에 계신 하나님의 영광을 보게 되었습니다.

고난의 시기를 거치며 저희의 믿음은 더 깊고 단단해졌고, 사역의 뿌리는 더 넓고 견고하게 퍼져 나갔습니다. 저는 이제 믿습니다. 하나님께서 종종 가장 깊은 어둠 속에서 가장 밝은 빛을 준비하신다는 것을. 시련은 부흥의 전조이자, 하나님의 위대한 역사를 위한 필수적인 훈련 과정이었던 것입니다.

배운 것

이 시련과 부흥의 시간을 지나면서 저는 두 가지를 뼈저리게 배웠습니다. 첫째, 부흥은 인간의 노력으로 만드는 것이 아니라는 것입니다. 저는 한때 제 힘과 능력으로 어머니의 사역을 돕고 제 삶을 증명하려 했습니다.

하지만 하나님께서는 제 교만을 꺾으시고, 제 삶의 모든 계획을 무너뜨리셨습니다. 오직 하나님의 손이 움직일 때만 부흥이 가능하다는 것을 깨닫게 하셨습니다. 저의 무능력과 부족함을 온전히 인정할 때, 하나님의 강하심이 제 삶을 통해 온전하게 드러났습니다. 둘째, 시련은 부흥의 전조라는 것입니다.

저희가 겪었던 모든 재정적 어려움, 육체적 고통, 그리고 안전에 대한 두려움은 단순한 불행이 아니었습니다. 그것은 마치 기타의 울림통을 깎고 파내는 과정처럼, 제 삶을 비워내어 하나님의 마음이 공명할 수 있는 공간을 만드는 시간이었습니다. 저는 이제 하나님께서 종종 가장 깊은 어둠 속에서 가장 밝은 빛을 준비하시며, 가장 낮은 곳에서 가장 위대한 역사를 시작하신다는 것을 확신합니다.

† **나의 기도**

주님, 세상의 채움과 성공을 좇아 저의 삶을 빈틈없이 채우려 했던 교만을 고백합니다. 저의 힘과 계획으로 견고한 탑을 쌓으려 했지만, 하나님께서는 기타의 울림통을 만드시듯 저를 깎고, 파내고, 비워내셨습니다. 가장 큰 고통과 상실, 실패와 절망의 순간들이 바로 하나님의 소리가 울려 퍼질 거룩한 공간을 만드시는 아프고도 자비로운 손길이었음을 이제야 깨닫습니다.

사역의 벽 앞에서 무너졌던 저의 마음을 기억하시고, "당신이 무너져도 하나님은 무너지지 않아요"라는 음성으로 저를 다시 일으켜 세워주시니 감사합니다. 저희의 무력함을 인정하고 하나님의 도우심을 간절히 구했던 그 기도의 밤을 잊지 않게 하옵소서.

오직 하나님의 손이 움직일 때만 부흥이 가능하다는 것을 알게 하시고, 시편이 부흥의 전그림을 믿게 하시니 감사합니다. 저의 부족함과 연약함 속에서 하나님의 강하심이 온전히 드러나는 삶을 살게 하옵소서. 가장 깊은 어둠 속에서 가장 밝은 빛을 준비하시고, 가장 낮은 곳에서 가장 위대한 역사를 시작하시는 하나님만을 찬양합니다. 우리 주 예수 그리스도 이름으로 기도드립니다. 아멘.

높고 낮은 음: 합력하여 선을 이루는 화음

EPISODE 9
날아온 술병, 그러나 나에게 온 것은 기적이었다!

나는 기타를 치며 돈을 벌었고, 그 돈으로 선교비를 마련했습니다. 가족을 부양하는 생활비도 기타를 치며 번 돈으로 사용했죠. 그렇기에 내가 기타를 들고 간 장소는 생각보다 훨씬 다양했습니다. 하나님이 싫어하시는 장소는 피했지만, 카페, 레스토랑, 교회, 학교, 병원, 장애인 시설은 물론이고 축제, 단독 콘서트, 심지어는 상황을 봐서 펍 같은 술집에서도 연주했습니다.

그러던 어느 날, 꽤 건전한 분위기의 술집에서 섭외가 들어와 연주하게 되었습니다. 사실, 당시의 내 연주는 아직 미숙했고, 사람들이 항상 환영해 주지는 않았습니다. 나는 오늘도 무사히 잘 다녀올 수 있기를 기도하며 장비를 세팅하고 연주를 시작했습니다. 그런데 연주하는 내내 앞줄에 앉은 사람들이 매우 큰 소리로 소리를 지르며 방해하기 시작했습니다. 그런데도 내가 묵묵히 연주를 계속하니, 처음에는 포기하고 앉는가 싶더니 깜짝 놀랄 일이 벌어졌습니다.

눈앞에 뭔가가 '휙' 하고 날아왔습니다. 기적적으로 고개를 숙여 피했지만, 뒤의 벽에 부딪혀 박살 난 병 때문에 갑자기 가게 분위기가 엄청나게 조용해졌습니다. 그 순간 나의 반응은 상당히 놀라웠습니다. 나는 웃으면서 "아, 마음에 안 드는 곡인가요? 그럼 다른 곡을 칠게요"라고 말하며 바로 신나는 곡으로 바꿔 연주를 이어갔습니다. 병을 던진 사람은 당황했고, 공연은 끝날 때까지 특별한 방해 없이 계속될 수 있었습니다.

공연이 끝나고 짐을 챙기는데, 병을 던졌던 그분이 나에게 오셔서 놀랍게도 사과하셨습니다. 그는 동양인에 대한 안 좋은 감정이 있었는데, 그냥 기타 치는 내 모습이 마음에 들지 않았을 뿐이었다고 말했습니다. 하지만 생각해 보니 정말 미안한 행동이었다는 것입니다. 나는 오히려 그런 사람에게 괜찮다면서 "다음 번에 또 봐요"라는 말까지 건넸습니다. 그분은 나에게 한국 돈으로 약 5만 원 정도의 팁을 주었습니다. 당시 분위기는 꽤 심각했지만, 침착하게 상황을 잘 대처한 결과 한 사람에게 사과하고 화해할 기회를 준 것 같았습니다. '사랑은 오래 참고 오래 기다린다'는 말이 새삼 강하게 다가왔고, 이것이 바로 하나님이 주신 선물일지도 모른다고 생각했습니다.

이 사건은 저에게 귀한 교훈을 주었습니다. 나는 그저 연주하는 사람이 아니라, 복음을 전하는 도구로서 그들의 마음을 열게 하는 역할을 한다는 것입니다. 이처럼 나의 부족함과 연약함 속에서 오히려 하나님의 강하심이 드러나고, 그분의 영광이 사람들에게 전해지는 것을 경험했습니다. 앞으로도 나는 이 모든 경험을 통해 얻은 지혜와 믿음으로, 하나님의 영광을 위해 살아갈 것입니다. 나는 연주 기술과 음악적 깊이를 추구하는 것을 게을리하지 않는데, 이는 단순히 더 나은 연주자가 되기 위함이 아니라, 내게 허락된 재능을 최고의 것으로 갈고닦아 하나님께 드리는 것이 마땅한 청지기의 자세라고 믿기 때문입니다. 수많은 무대 경험을 통해 사람들은 단순히 기술적으로 뛰어난 연주자보다 자신의 삶과 진심을 담아 연주하는 사람에게 마음을 연다는 것을 깨달았습니다. 그리고 그 진심은 저의 경험이나 노력이 아닌, 저를 구원하신 하나님을 향한 사랑에서 나옵니다. 제 손에 쥐어진 기타는 단순한 악기가 아니라, 저의 간증과 복음을 실어 나르는 배와 같습니다. 그러므로 저의 가장 중요한 정체성은 언제나 '선교사'입니다. 기타는 하나님께서 제게 허락하신 가장 귀하고 강력한 도구이지만, 도구일 뿐입니다. 만약 어느 날 제가 팔을 다쳐 평생 기타를 치지 못하게 된다 해도, 저의 사역은 멈추지 않을 것입니다. 저는 하나님의 복음을 전하는 선교사이기 때문입니다.

♪ SONG요한 연주곡 감상

한국인 (Korean)
한국 사람들은 강하고 유쾌합니다. 힘든 상황에서도 결국은 웃으면서 이겨내고 정이 많은 사람들이라 서로를 도와주기를 좋아합니다. 그런 한국인들이 참 좋습니다.

10

사명!
지금은 연주 중

사명 —
남아공에 남은 이유

제 삶이라는 길고 긴 연주곡이 여러 악장을 지나, 이제 마지막 주제 선율을 연주하려 합니다. 많은 이들이 제게 묻곤 합니다. 그 모든 고난과 역경을 겪고도, 왜 여전히 그 척박한 땅에 남아 있느냐고 말입니다. 그 질문에 대한 대답이 바로 '사명'입니다.

아버지의 죽음으로 시작된 슬픔의 2현, 낯선 땅에서의 외로웠던 3현, 교만으로 끊어졌던 4현, 그리고 수많은 시련과 회복의 시간들, 그 모든 여정은 결국 이 마지막 장, '사명'이라는 단 하나의 단어를 제 영혼에 새기기 위한 하나님의 세밀한 계획이었습니다. 돌아볼 때마다 그 부르심은 더욱 선명해졌고, 그 부르심이 없었다면 저는 진작 모든 것을 내려놓고 떠났을 것입니다. 이제 저는 왜 제가 이곳에 남아 있는지, 무엇을 위해 살아가야 하는지, 그리고 이 사명을 지키는 힘이 어디서 오는지에 관해 이야기하려 합니다.

제 사역의 가장 깊은 동기는 제 마음에 심어주신 '긍휼한 마음'입니다. 세계 최고의 빈부격차를 지닌 나라, 위험한 장소가 너무나 많은 이 땅 남아공에서 살아가며, 저는 상처받고 소외된 영혼들을 외면할 수 없었습니다. 제게 주신 가장 큰 은사가 다른 무엇도 아닌 '사랑의 은사'라고 믿습니다. 이 마음이 있었기에, 저는 기꺼이 가장 낮은 곳으로, 복음이 필요한 자들을 향해 찾아갈 수 있었습니다.

제 사역의 도구는 '기타'가 되었습니다. 스물여덟, 아홉이라는 늦은 나이에, 아이까지 태어난 상황에서 기타 연주자가 되겠다는 생각은 해 본 적도 없었습니다. 처음에는 그저 어머니의 사역지에 따라다니며, 아이들에게 코드로 반주를 치며 찬양을 불러주는 것이 시작이었습니다. 그러나 아이들이 제 서툰 연주에도 해맑게 웃으며 기뻐하는 모습을 보며, 제 마음에 작은 소망이 싹텄습니다. '기타를 조금만 쳐도 이렇게 좋아하는데, 좀 더 멋있는 곡을 연주해 주면 훨씬 더 좋아하겠는걸?'. 그 순수한 동기가 저를 매일 밤 기타 연습으로 이끌었고, 악보조차 볼 줄 모르는 제게 듣고 따라 치는 것만으로도 연주곡을 익힐 수 있는 놀라운 선물을 부어주셨습니다.

저의 연주는 남아공의 가장 다양한 장소에서 울려 퍼지기 시작했습니다. 처음에는 그저 식비와 차비 정도만 받고 연주하던 작은 카페와 식당에서부터 시작했습니다. 그러나 기타 한 대로 밴드를 압도하는 듯한 저의 독특한 연주 스타일이 입소문을 타면서, 저를 찾는 곳은 점점 더 많아졌습니다. 제 연주는 이벤트 홀의 화려한 무대 위에서도, 한인 교회의 경건한 예배당에서도, 그리고 마침내 주 남아공 한국 대사관과 문화원이 주최하는 공식적인 행사장에서도 울려 퍼졌습니다. 크고 작은 무대를 모두 합쳐, 천 번은 족히 넘는 공연을 통해 저는 수많은 사람들을 만났습니다.

하지만 제 연주를 통해 나오는 모든 소리의 핵심은 언제나 '복음을 제대로 전하는 것'에 있습니다. 제가 멋진 연주를 들려주고 그들과 잠시 즐거운 시간을 보내는 것만으로는 부족합니다. 제가 떠난 다음 날, 그들의 마음속에 공허함만 남는다면, 그것은 그저 세상적인 공연 한 번을 보여준 것과 다를 바가 없는 것입니다. 그러므로 저는 아이들에게, 그리고 모든 사역지의 사람들에게 늘 이렇게 말합니다.

"오늘은 하나님이 저를 여러분에게 보내셔서, 이렇게 연주도 들려주고 선물도 나누며 함께 기뻐하는 시간을 가졌습니다. 저는 사람이기 때문에, 매일 여러분과 함께 있을 수 없습니다. 그러나 여러분을 절대로 떠나지 않는 분이 계십니다. 바로 예수 그리스도입니다."

저는 그들에게 스스로 주님께 기도하는 놀라운 일을 직접 체험해 보라고 권면합니다. "믿음은 행동을 변하게 만듭니다. 더 이상 거짓말하지 마세요. 친구들을 괴롭히고, 남의 것을 훔치는 행동도 그만두십시오. 말씀을 보고 기도하면, 하나님이 기뻐하시는 일과 싫어하시는 일이 무엇인지 반드시 알게 됩니다."

저는 기타라는 도구를 사용하는 문화 사역자이지만, 사실 기타 연주 자체가 중요한 것은 아닙니다. 만약 제가 팔을 다쳐 평생 기타를 치지 못하게 된다 해도, 그것은 문제가 되지 않습니다. 저는 하나님의 복음을 전하는 선교사이기 때문입니다. 제 겉모습은 나약하고 힘없는 동양의 한 남자일 뿐이지만, 오히려 그렇기에 부족하고 나약한 저를 하나님께서 사용하실 때 그분의 큰 능력이 드러나고, 그러한 순간에 사람들은 저를 보는 것이 아니라 제 뒤에 계신 하나님의 영광을 느끼고 주님을 영접하게 됨을 믿습니다. 제 삶이라는 기타는 오직 그분의 살아계심과 선하심을 전하기 위해, 오늘도 가장 낮은 곳을 향해 울리고 있습니다.

돌아볼 때마다 선명해지는 부르심

처음 남아공 땅을 밟았을 때의 공기가 여전히 기억납니다. 코끝을 맴돌던 낯선 흙냄새와 마른풀 향기, 살갗을 태울 듯 내리쬐던 강렬한 햇빛, 그리고 가난과 역사의 상처 속에서도 기품고도 따뜻한 빛을 잃지 않던 사람들의 눈빛까지 모든 것이 선명합니다. 제물포 바닷가에서 시작된 저의 여정이 이 남아공의 광야로 이어진 지 어느덧 26년이 흘렀습니다. 그 기나긴 시간 동안, 이 땅은 제 인생의 가장 치열하고 가장 은혜로운 훈련장이었습니다. 돌아보면, 모든 것이 낯설고 두려웠던 그 첫날의 공기 속에, 앞으로 펼쳐질 길고 긴 연단의 시간과 그 끝에서 저를 기다리시는 하나님의 놀라운 계획이 이미 숨 쉬고 있었던 것 같습니다.

이 '치열함'이라는 단어 속에는 말로 다할 수 없는 시간들이 담겨 있습니다. 400명의 학생들 속 유일한 동양인으로 보내야 했던 침묵의 시간들, 다음 달 사역지로 향할 교통비가 없어 사역을 중단해야 할지도 모른다는 절망감에 밤을 새워야 했던 가난의 시간들, 때로는 총성이 들려오는 위험 속에서도 사역을 이어가야 했던 두려움의 시간들, 그리고 일본에서의 처절한 실패와 육신의 고통 속에서 제 모든 교만이 깨어지던 부서짐의 시간들까지. 이 모든 순간들이 바로 이 땅에서의 훈련 과정이었습니다.

고난의 순간마다, 솔직히 모든 것을 포기하고 떠나고 싶었던 적이 한두 번이 아니었습니다. 그러나 제 마음이 약해지고 모든 것을 내려놓고 싶을 때마다, 이상하게도 단 한 가지 사실만은 더욱 선명해졌습니다. 그것은 바로 '하나님이 나를 여기에 보내셨다'는 부르심이었습니다. 지난 시간을 돌아볼 때마다 그 부르심의 확신은 조금도 흔들리지 않았습니다. 결국 저를 이 땅에 붙들어 둔 것은 저의 의지나 인내가 아니었습니다. 만약 그 명확한 부르심이 없었다면, 저는 진작 모든 짐을 내려놓고 떠났을 것입니다.

남아공의 현실

남아공은 아름다운 자연과 다양한 문화가 공존하는 매력적인 나라이지만, 그 이면에는 세계 최고 수준의 빈부격차와 높은 범죄율, 30%가 넘는 실업률, 그리고 교육 불평등이라는 깊은 상처가 자리하고 있습니다. 제가 사역하는 지역은 이러한 남아공의 현실이 가장 극명하게 드러나는 곳입니다. 많은 가정이 쓰레기장을 생활 터전으로 삼아 하루하루를 버텨내고 있습니다.

이곳의 아이들은 다음 끼니를 먹을 수 있을지를 걱정하며 자라고, 청소년들은 배움의 기회조차 얻지 못해 미래를 그려볼 희망을 잃어버린 채 살아갑니다. 후원금으로 사 온 치즈버거를 생전 처음 먹어보며 세상을 다 가진 듯 기뻐하던 아이의 환한 미소, 그리고 생일 선물로 제 긴 머리카락을 조금만 잘라달라고 부탁하던 한 아이의 순수한 눈망울은, 이 땅의 아이들이 처한 처절한 현실을 보여주는 잊을 수 없는 기억입니다. 저는 이런 현실 속에서 한 가지 사실을 뼈저리게 깨달았습니다.

"이 아이들에게 복음은 선택이 아니라 생존입니다."

더 나아가, "이 아이들에게 복음은 필수적인 생명입니다."

세상의 모든 소망이 끊어진 이곳에서, 복음은 더 나은 삶을 위한 하나의 대안이나 마음의 위안 정도가 아니었습니다. 내일의 희망 없이 하

루하루를 버텨내는 아이들에게 복음은 절망적인 현실을 이겨낼 유일한 힘이자, 살아갈 이유 그 자체였습니다. 또한 복음은 이 아이들에게 새로운 정체성을 부여하는 필수적인 생명이었습니다. 세상으로부터 쓰레기장의 아이들이라 불리며 버려진 존재가 아니라, 하나님께서 사랑하시는 존귀한 자녀라는 사실을 깨닫게 하는 유일한 진리였기 때문입니다.

떠날 수 없는 이유

　사역이 알려지면서 가끔 한국이나 일본에서 더 안전하고 안정적인 환경의 사역 제안을 받기도 했습니다. 더 나은 의료 시스템과 아이들을 위한 교육 환경, 그리고 무엇보다 사역에만 전념할 수 있도록 보장된 충분한 지원과 기회들. 남아공에서 매일 부딪혔던 재정과 건강, 안전의 벽을 생각하면, 인간적으로는 너무나 달콤하고 합리적인 유혹이었습니다.

　하지만 그럴 때마다 제 마음속에는, 그리고 기도 속에는 어김없이 남아공 아이들의 얼굴과 함께, 그 아이들을 처음 품에 안으셨던 어머니의 모습이 겹쳐 보였습니다. 모든 것을 잃고 이 낯선 땅에 도착하여, 서툰 영어로 "God loves you, I love you"를 외치며 쓰레기장의 아이들에게 스튜를 나눠주시던 어머니. 그 긍휼의 마음으로 3년간 묵묵히 섬기시어 마침내 교회를 세우셨던 그 눈물의 사역을 저는 기억합니다. 제가 지금 만나고 있는 아이들은 바로 어머니께서 눈물로 뿌린 씨앗의 첫 열매들이었습니다.

　그 얼굴들을 떠올리면, 제 마음속 깊은 곳에서 하나님의 음성이 들려오는 듯했습니다.

"누가 이 아이들을 대신해 줄 수 있겠느냐?"

그 물음 앞에서 저는 침묵할 수밖에 없었습니다. 제가 이 땅을 떠난다는 것은, 단순히 사역지를 옮기는 것이 아니었습니다. 그것은 어머니의 헌신을 넘어, 이 땅의 소외된 영혼들을 향한 하나님의 멈추지 않는 마음, 바로 그 하나님의 사역을 외면하는 것과 같았습니다. 어머니의 사역은 처음부터 어머니의 것이 아니었고, 하나님의 긍휼하심이 어머니를 통해 드러난 통로였음을 깨달았습니다. 그 순간 저는 깨달았습니다.

하나님은 제게 '지금' 잠시 머물다 가는 것이 아니라, 이 땅을 향한 하나님의 마음을 이어받아 '끝까지' 이들과 함께하라고 하셨다는 것을요. 그 부르심 앞에서 다른 모든 제안은 의미를 잃었습니다.

가정과 사명

저의 사명은 더 이상 저 혼자만의 것이 아닙니다. 때로는 아내와 아이들에게 이 험난한 남아공 땅이 쉽지 않은 환경이라는 것을 알기에 마음이 아플 때가 많습니다. 더 안전한 교육, 더 나은 의료 시스템, 더 편안한 생활을 위해 한국이나 다른 나라로 떠날 수도 있다는 것을 알고 있습니다.

그러나 우리 가정은 한 가지 결심을 공유합니다. 그것은 바로 "하나님이 보내신 자리에서, 하나님의 때까지 머무는 것"입니다. 아내와 아이들은 저의 가장 든든한 동역자이자, 이 사명을 함께 감당하는 믿음의 공동체입니다.

아이들은 아직 어리지만, 사역지에서 현지 아이들과 스스럼없이 어

울려 뛰노는 모습 속에 이미 '섬김'과 '나눔'을 배우고 있습니다. 특히 딸 라희의 경험은 제게 큰 깨달음을 주었습니다. 저희 부부는 딸이 정체성을 잃지 않도록 집에서 한국어만 사용했고, 이로 인해 라희는 초등학교 입학 당시 영어를 잘하지 못해 어려움을 겪었습니다.

하지만 지혜로운 선생님 덕분에, 반 아이들은 라희를 돕는 것을 자신들의 과제로 여기게 되었고, 라희는 오히려 반 아이들을 하나로 묶어주는 '협력의 다리' 역할을 하게 되었습니다. 그리고 마침내 학교에서 단 한 명에게만 주어지는 최고의 상인 '크리스천 캐릭터(Christian Character)' 상을 받기까지 했습니다. 이것이야말로 세상 어떤 학교에서도 가르칠 수 없는, 약함을 통해 강함을 배우는 살아 있는 복음 교육이라고 믿습니다.

미래의 꿈

저의 꿈은 남아공에 단순히 더 많은 예배당을 세우는 것이 아닙니다. 어머니께서 쓰레기장에서 사역하실 때, 건물을 먼저 계획하신 것이 아니라 굶주린 영혼을 먼저 사랑하셨고, 그 사랑의 결과로 교회가 세워졌던 것을 기억합니다. 저의 진정한 꿈 역시 사람을 세우는 것입니다. 이곳의 마을의 아이들이 스스로 찬양하고, 말씀을 전하고, 그들의 공동체를 믿음 안에서 변화시키는 현지 리더로 성장하는 것입니다.

그날이 오면, 저는 '연결 지점'으로서의 제 역할을 다하고 조용히 뒤로 물러나도 좋습니다. 그 꿈을 이루기 위해, 지금 저는 제자를 세우고, 음악을 가르치고, 말씀을 심는 일을 멈추지 않습니다. 매주 열리는 작은 기타 클래스는 단순한 음악 수업이 아니라, 함께 말씀을 나누고 제 삶을 간증하며 다음 세대의 예배 인도자를 키워내는 제자 훈련의 시간입니다. 저는 아이들에게 스스로 기도하고 말씀을 보라고 권면하며, 그들 자신이 하나님과 직접 소통하는 법을 가르칩니다.

이미 몇몇 제자들이 자신이 사는 마을에서 자발적으로 찬양 모임을 시작했고, 그 작은 믿음의 불씨가 이웃 마을로 번져나가는 것을 봅니다. 오늘 제가 아이들의 손에 쥐여준 기타 코드 하나, 함께 나눈 말씀 한 구절이 바로 미래를 위한 작은 씨앗입니다. 오늘 심는 이 작은 씨앗들이, 훗날에 이 땅을 뒤덮는 거대한 믿음의 나무가 될 것을 믿기 때문입니다.

사명을 지키는 힘

저를 아는 많은 분들이 어떻게 그 힘든 환경 속에서 사역을 계속할 수 있는지 묻곤 합니다. 저의 대답은 언제나 동일합니다. 사명은 저의 뜨거운 열정이나 특별한 감정으로 지켜지는 것이 아니기 때문입니다. 만약 감정에 의지했다면, 아버지의 죽음과 가족의 몰락 앞에서, 이방인으로서 겪었던 깊은 외로움 속에서, 혹은 모든 것을 잃었던 일본에서의 처절한 실패 앞에서 저는 수없이 무너졌고 이미 이곳을 떠났을 것입니다.

환경이 좋아 많은 박수를 받고 사역에 열매가 보일 때도, 반대로 코로나19 사태로 가족과 생이별하고 모든 수입이 끊기는 등 앞이 캄캄할 때도, 제가 동일하게 붙드는 것은 '하나님의 약속'입니다. 하나님께서 저보다 먼저 이 땅을 사랑하셨고, 이곳에서 하실 일을 이미 계획하셨으며, 저는 그 위대한 이야기의 한 부분이 될 뿐이라는 믿음입니다. 이 믿음이 있기에 저는 결과에 연연하지 않고, 그저 오늘 하루 맡겨진 제 역할에만 충실할 수 있습니다.

그래서 저는 여전히 이 땅에 남아 있습니다. 그리고 내일도, 모레도, 제게 호흡을 허락하시는 날까지, 바로 이 자리에서 하나님의 부르심에 순종하며 살아갈 것입니다.

† **나의 기도**

주님, 모든 것이 불확실했던 제 삶의 여정 끝에 '사명'이라는 선명한 푯대를 세워주시니 감사합니다. 제 마음이 약해져 더 편한 곳을 바라볼 때마다, "누가 이 아이들을 대신하겠느냐"는 하나님의 음성을 기억하게 하소서. 제 사역이 저의 이름으로 끝나는 것이 아니라, 이 땅의 다음 세대들이 스스로 일어나 하나님을 찬양하고 복음을 전하는 그날을 보게 하여 주시옵소서. 제 감정이 아닌 하나님의 약속을 붙들게 하시고, 제 삶의 모든 순간이 오직 하나님의 영광을 드러내는 통로가 되게 하여 주시옵소서. 우리 주 예수 그리스도 이름으로 기도드립니다. 아멘.

EPISODE 10

남아공 도로 위, 죽음을 피하다

아프리카에 살면서 생명의 위협을 느꼈던 순간들은 적지 않습니다. 정말 죽음이 내게 찾아왔다고 느낄 만큼의 상황 속에서 공포감을 느끼지 않는다면, 그것은 과연 어떠한 은혜일까요? 지금 생각해 보면 웃음이 나올 정도로 신기한 경험들도 있었고, 아찔한 순간들도 여러 번 있었습니다. 지금 떠오르는 가장 생생한 기억은 바로 도로에서 일어난 일입니다.

그때 저는 고등학생이었고, 어머니께서는 작은누님의 결혼식 때문에 잠시 한국에 가 계셨습니다. 한국에서 어머니와 다른 방문객들이 남아공으로 오시기에, 저는 아침 일찍 공항으로 마중을 나가야 했습니다. 인원과 짐이 많아 차 두 대로 출발해야 했는데, 앞차가 먼저 출발하고 저와 함께 가기로 한 차를 운전하시던 집사님이 실수로 차 키를 안에 두고 문을 잠가버리는 사고가 발생했습니다. 긴급 서비스를 호출해 차 문을 여는 데 시간이 지체되었고, 공항 마중 시간에 늦을까 봐 마음이 급해진 집사님은 속력을 내기 시작했습니다. 제가 느끼기에도 '이건 좀 위험한데'라는 생각이 들 만큼 빠른 속도였습니다.

아프리카의 광활한 땅은 지평선이 보일 정도로 넓고 도로가 쭉 뻗어 있어, 조금만 방심하고 속도를 내면 큰 사고로 이어지기 쉽습니다. 급한 마음에 계속 달리던 중, 약간 급한 커브가 나타났는데 집사님은 속도를 줄이지 않고 그대로 커브를 돌기 시작했습니다. 문제는 도로에 전날 비가 왔었는지 모래가 깔려 있었다는 것입니다. 빠른 속력을 차가 버티지 못하고 뒷바퀴가 미끄러지면서 스핀이 걸려버렸고, 어마어마한 속도 때문에 차는 팽이처럼 돌기 시작했습니다. 결국 차선을 이탈해 옆 갈대숲으로 처박혔고, 당시 제 머릿속에는 '죽음'이라는 글자가 선명하게 떠올랐습니다. 얼마나 빠른 속도로 차가 스핀을 했는지 그 압력을 못 버티고 차량의 앞 유리창이 "펑!" 소리와 함께 그대로 날아가 버렸습니다. 갈대와 나뭇가지들이 차 안으로 미친 듯이 쏟아져 들어오기 시작했고, 입과 귀, 코까지 풀이 가득 찼습니다. 아무런 생각도 나지 않고 차가 멈추기만을 기다리며 압력을 버틸 수밖에 없었습니다. 순식간에 일어난 일이었지만, 마치 영원처럼 긴 시간이 흐른 것처럼 느껴졌습니다.

간신히 차가 멈추고 저와 집사님은 한참을 멍하니 앉아 상황을 파악했습니다. 입에 가득 찬 풀을 뱉어내고 몸에 박힌 잔가지들을 빼내며 상태를 확인해 보니, 놀라울 정도로 아무런 부상이 없었습니다. 차는 박살이 났지만, 수차례 시도한 끝에 시동이 걸렸습니다. 주변을 살펴보니 정말 다행스럽게도 큰 나무나 구조물 없이 키 큰 풀과 잔 나무들만 있는 곳으로 돌진한 덕분이었고, 차체가 겉으로는 많이 상했지만 그래도 둘 다 부상 없이 무사할 수 있었던 것입니다. 만약 큰 나무나 바위에 부딪혔다면, 우리는 이미 죽음을 맞이했을 것입니다. 날아간 앞유리창을 차가 멈춰진 곳에서 100미터 정도 떨어진 곳에서 찾아 대충 끼운 뒤, 주유소에서 테이프로 붙이고 그대로 공항에 어머니를 마중 나갔습니다. 공항에서 만난 어머니와 일행들은 우리를 보고 당황했지만 결국 차 사고에 대해 웃어넘길 수 있는 여유를 주셨습니다.

큰 사고로 이어지지 않고 아무런 부상도 없었던 덕분일까요? 저는 지금도 절대로 과속하지 않게 되었습니다. 고등학생 때부터 운전을 시작해 지금까지 백만 킬로미터가 넘는 길을 다녔지만, 저는 아직도 그때의 그 속도의 무서움을 잊지 못합니다. 앞으로 제가 많은 곳을 다닐 것을 아셨기에, 하나님께서 '안전 운전'이라는 것을 아예 제 뇌리에 새겨주신 것 같습니다. 덕분에 저는 지금까지 차 사고 없이 남아공에서 무사히 잘 다닐 수 있게 되었으니, 오직 감사할 뿐입니다.

♪ SONG 요한 연주곡 감상

붉은 물방울 (Red Ruby)

상징하는 보석은 루비입니다. 생명을 상징하는 붉은 물방울을 상상하며 만든 곡입니다. 모든 것을 움직이는 원동력이며 사람이 더욱더 힘차게 살아가는 데 필요한 것이 바로 이 붉은 물방울이지요. 앞으로 더 건강하게 그리고 밝고 힘찬 모습으로 열심히 활동하자! 라는 뜻으로 만들었으며 3부작의 마무리를 하는 곡입니다.

EPISODE 11
하늘길이 닫힌 순간, 나는 작은 가지 교회에서 희망을 노래했습니다.

2019년 말, 저는 프로 연주자로서의 활동이 활발해지면서 남아공에서 큰 성공을 눈앞에 두고 있었어요. 수입이 크게 늘었고, 다른 모든 일을 정리한 뒤 풀타임 뮤지션이자 자비량 선교사로서의 길을 걷기로 결심했죠. 2020년에는 남아공에 수많은 연주 스케줄이 잡혀 눈뜰 새 없이 바쁠 것으로 예상되었고, 저는 한국에 와서 3개월 정도의 일정을 소화하며 기타 연주자로서의 입지를 다지고자 했습니다. 모든 것이 순조로워 보였고, 마음에는 여유가 가득했습니다.

하지만 한국에 오자마자 코로나19라는 질병이 심각한 수준으로 퍼지기 시작했고, 저의 우려는 곧 현실이 되었어요. 2020년 1월, 남아공으로 돌아갈 날이 다가왔지만, 청천벽력 같은 일이 벌어졌죠. 공항이 모두 폐쇄된 것입니다. 남아공은 입국 금지 조치를 내렸고, 저는 기약 없이 기다릴 수밖에 없었어요. 원래 예정되어 있던 모든 스케줄은 파기되었고, 저는 엄청난 위약금을 물어야 했습니다. 남아공에 있는 가족들은 저를 걱정했고, 저는 한국에 홀로 갇힌 채 가족들이 걱정되기 시작했어요. 단기로 임대한 오피스텔에 혼자 지내며 남아공으로 돌아갈 날을 기다렸지만, 상황은 점점 최악으로 치달았습니다. 6월, 7월, 8월, 그리고 9월이 되도록 하늘길은 닫혀 있었고, 돈은 점점 떨어졌으며, 사역지에서는 계속해서 연락이 왔어요. 저는 없는 돈을 빚내어 그들에게 보내주었죠. 3개월도 길다고 징징대던 제가 1년 가까이 사랑하는 아내와 아이들과 생이별해야 했습니다.

기약 없는 기다림 속에서 저는 괴롭고 긴 시간을 보냈어요. 좁고 작은 오피스텔 단칸방에서 지내며 크게 기도할 수도 없었지만, 큰 소리로 찬양하고 싶은 마음은 간절했습니다. 그러나 당시 한국은 모든 교회가 함께 모여 예배드리는 것이 매우 어려운 분위기였고, 저는 늘 예배드릴 수 있는 교회를 찾아다녔습니다.

그러던 중, 배곧의 작은 '가지 교회'를 알게 되었습니다. 그곳에서 저는 담임목사님과 사모님, 자녀들, 그리고 몇 안 되는 성도들과 함께 매주 한 번씩 찬양 예배를 드릴 수 있었죠. 비록 개척교회이고 현실적인 어려움이 가득한 상황이었지만, 그곳에는 작은 규모를 뛰어넘는 큰 사랑이 있었습니다. 코로나로 인해 많은 문제가 가득하다 해도 하나님 앞에 여전히 예배드리고 찬양을 드릴 수 있었던 것이 참으로 감사했어요. 그곳에서 드리는 예배는 형식적인 의식이 아닌, 마음껏 기도하고 찬양하는 진정한 기쁨과 감격이었습니다.

현실은 우리를 무겁게 짓누르고 억압했지만, 하나님의 은혜로 살아내는 과정에서 성령이 가득한 상태에서도 방심하고 말씀과 기도를 놓치면 순식간에 다시 나약한 모습으로 돌아간다는 것을 깨달았어요. 오직 예수님의 말씀과 기도가 아니면 결코 이겨낼 수 없음을 그때 알게 되었죠. 하나님 앞에 마음껏 기도하고 찬양할 수 있다는 사실이 얼마나 행복한 것인지를 '가르치고 지키는 교회 -가지 교회'를 통해 깨닫게 하셨습니다.

♪ SONG요한 연주곡 감상

희망 (Good Hope)

남아공 케이프타운의 희망봉, 제가 오래 살아온 남아공 친구들에게 선물하는 마음으로 쓴 곡입니다. 발랄한 딸아이 라희의 모습도 떠올리며 '라희망봉!' 하하하...! 희망은 늘 나를 향해 웃어 줍니다.

| 에필로그 |

연주가
멈출 때까지

주님, 제 영혼의 유일한 청중이시며, 제 마음의 가장 깊은 울림을 아시는 주님 앞에서, 이제 제 삶이라는 길고 긴 교향곡이 서서히 여운을 남기며 새로운 화음을 향해 흘러갑니다. 그 첫 울음소리부터 지금 이 순간까지, 제 모든 서툰 음표와 끊어진 선율, 심지어 침묵의 순간마저도 하나님의 무한한 사랑으로 엮어 아름다운 악보로 만들어 주셨습니다. 제 삶의 영원한 지휘자이신 주님께 눈물 어린 감사를 올려드립니다. 하나님의 손길이 아니었다면, 제 인생은 그저 무의미한 잡음의 연속이었을 텐데, 하나님께서는 그 모든 것을 은혜의 멜로디로 바꾸어 주셨습니다.

돌이켜보니, 제 삶의 모든 악장은 한결같이 하나님의 포기하지 않으시는 사랑으로 물들어 있었습니다. 그 사랑은 제 유년의 맑은 현을 부드럽게 조율하시며 시작되었고, 아버지의 갑작스러운 이별이라는 가슴을 애는 불협화음 속에서도 제 손을 놓지 않으셨습니다. 그 아픔의 파도 속에서 저는 혼자 서기 위해 애쓰며 눈물을 삼켰지만, 하나님께서는 그 눈물을 모아 제 영혼의 강을 만드셨습니다.

제 교만이 하늘을 찌를 듯 높아져, 세상의 화려한 노래를 제힘으로 연주하려 했을 때, 하나님은 그 교만의 현을 아프게 끊으시며 저를 낮추셨습니다. 그 깊은 어둠과 고독의 밤, 모든 것이 무너지는 듯한 절망 속에서 저는 처음으로 하나님의 세미한 음성을 들었습니다. "내가 너를 사랑하노라"라는 그 속삭임은 제 가슴을 녹여내었고, 제 모든 죄와 연약함을 드러내 보이게 했습니다. 저는 그제야 깨달았습니다. 하나님의 은혜 없이는 제 삶의 단 한 음도 제대로 울릴 수 없는, 보잘것없는 존재임을.

오, 주님, 그런 저를 하나님은 끝없는 긍휼로 바라보시고, 십자가의 그 붉은 보혈로 제 모든 상처를 감싸안으시며 다시 일으켜 세워주셨습니다. 그 용서의 따스함은 제 차가운 마음을 녹여내었고, 저를 하나님의 소중한 자녀로 삼아주셨습니다. 그리고 그 은혜의 증표로, 제 텅 빈 삶에 아내와 아이들이라는 소중한 선물을 허락하셨습니다.

그들의 미소와 포옹은 제 가슴에 따뜻한 울림통을 더해 주었고, 제 외로운 독주를 풍성한 합창으로 바꾸어 놓았습니다. 이제 제 삶의 유일한 목적은 그 울림통을 주님께 받은 사랑으로 가득 채우는 것입니다. 그 사랑을 세상의 가장 낮고 어두운 구석으로, 상처받은 영혼들에게 흘려보내는 것입니다.

제 손때 묻은 기타가, 제 상처 입은 손끝에서 흘러나오는 선율이, 저처럼 아파하고 방황하는 이들에게 하늘의 위로를 전하는 다리가 되기를, 그들의 눈물에 스며들어 희망의 노래로 피어나기를 간절히 소망합니다.

그 소리가 먼 남아공의 쓰레기장 아이들의 웃음소리에 스며들고, 일본의 고독한 밤을 밝히며, 인천의 골목길을 따뜻하게 감싸기를 빕니다.

이것이 제 삶의 유일한 노래요, 제가 숨 쉬는 이유입니다. 연약한 제 존재를 통해 하나님의 이름이 높아지며, 하나님의 영광이 세상에 드러나는 그 순간이 제 삶의 절정입니다. 저의 삶의 글줄은 여기서 마무리되지만, 제 연주는 절대 멈추지 않을 것입니다.

제 심장이 마지막으로 뛰는 그날까지, 제 영혼이 하늘로 불려 가는 그 순간까지, 저는 하나님의 사랑을 노래하는 충성스러운 악기로 살아가겠습니다.

이 글을 읽으시는 모든 분들의 삶에도, 제 삶을 물들인 그 동일한 사랑과 은혜가 넘쳐흐르기를, 하나님의 손길이 우리의 상처를 어루만지시고 희망의 현을 다시 조율하시기를, 가슴 깊이 기도합니다.

† 나의 기도

제 삶의 작곡가이시며 영원한 지휘자 되시는 주님, 저의 모든 깨어지고 흩어진 순간들마저도 하나님의 사랑으로 엮어 하나의 찬양으로 만들어 주심에 감사드립니다. 앞으로의 저의 삶이, 저를 구원하신 그 놀라운 은혜를 연주하는 하나님의 악기가 되게 하여 주시옵소서. 제 삶의 울림을 통해 상처 입은 영혼들이 위로를 얻고, 절망의 자리에서 희망의 노래가 시작되게 하소서. 오직 주님만이 영광 받으시길 원하오며, 저의 호흡이 다 하는 날까지 이 연주를 멈추지 않게 하소서. 우리 주 예수 그리스도 이름으로 기도드립니다. 아멘.

에필로그

내가 너와 함께 있어 네가 어디로 가든지 너를 지키며 너를 이끌어 이 땅으로 돌아오게 할지라 내가 네게 허락한 것을 다 이루기까지 너를 떠나지 아니하리라 하신지라
(창세기 28:15)

하늘리안 :
선율로 펼치는 하나님의 사랑

초판 1쇄 발행 2025년 9월 3일
지은이 송요한
펴낸곳 빈커뮤니케이션즈
주소 서울시 서대문구 연희맛로 32 도유빌딩 2층
문의 T_02.3141.3648 F_02.3141.3637
홈페이지 www.binc.co.kr
출판등록번호 312-2011-000037

값 20,000원
ISBN 979-11-993533-1-2 (03230)

저작권법에 의해 한국 내에서 보호를 받는 저작물이므로 무단전재와 무단복제를 금합니다.
이 책 내용의 전부 또는 일부를 이용하려면 반드시 저작권자와 빈커뮤니케이션즈의
서면 동의를 받아야 합니다.

* 잘못된 책은 구입하신 곳에서 바꾸어 드립니다.